U0448787

中国保监会部级研究课题

保险机制服务国家治理现代化
——建设保险型社会助推全面深化改革

连锦泉 等著

商务印书馆
2018年·北京

图书在版编目(CIP)数据

保险机制服务国家治理现代化:建设保险型社会助推全面深化改革/连锦泉等著.—北京:商务印书馆,2018
ISBN 978-7-100-15703-2

Ⅰ.①保… Ⅱ.①连… Ⅲ.①保险制度—研究—中国 Ⅳ.①F842.0

中国版本图书馆 CIP 数据核字(2017)第 319703 号

权利保留,侵权必究。

保险机制服务国家治理现代化
——建设保险型社会助推全面深化改革
连锦泉 等著

商务印书馆出版
(北京王府井大街36号 邮政编码100710)
商务印书馆发行
北京新华印刷有限公司印刷
ISBN 978-7-100-15703-2

2018年3月第1版　　开本 880×1240 1/32
2018年3月北京第1次印刷　印张 8⅜　插页 1
定价:42.00元

目 录

序言 ··· 1

第一章 国家治理现代化的核心是降低社会运行成本 ········ 4
    第一节 国家治理现代化的内涵 ···························· 3
    第二节 国家治理现代化的目标 ···························· 13
    第三节 国家治理现代化的路径 ···························· 19

第二章 保险机制服务国家治理现代化具有独特比较
        优势 ·· 25
    第一节 保险机制服务国家治理现代化的理论分析 ······ 25
    第二节 保险机制服务国家治理现代化的比较优势 ······ 37
    第三节 保险机制服务国家治理现代化的实证分析
            ——基于保险发展与国家治理体系演进的
            历史考察视角 ···································· 44

第三章 保险型社会以全面保险制度供给推进国家治理
        现代化 ·· 55
    第一节 保险型社会及相关研究综述 ······················ 55
    第二节 保险型社会概念、成因与表象 ··················· 62
    第三节 保险型社会推进国家治理现代化的理论
            机制 ·· 78

第四章　建设保险型社会服务国家治理现代化的国际经验与启示 ………… 89

第一节　建设保险型社会服务国家治理现代化的国际实践 …………… 89

第二节　建设保险型社会服务国家治理转型的历史实践——以美国贯穿于进步时代和黄金时代的国家治理转型为借鉴 …………… 112

第三节　国际实践对我国推进国家治理现代化的启示 …………… 134

第五章　建设保险型社会助推中央全面深化改革与服务国家治理现代化 …………… 137

第一节　全面深化改革推进国家治理现代化 …………… 137

第二节　我国保险业与国家治理互动发展关系 …………… 148

第三节　建设保险型社会是全面深化改革的历史选择与现实路径 …………… 162

第六章　建设保险型社会服务国家治理现代化的路线图 …… 173

第一节　保险助推建立有效有序市场和有限有为政府 …… 173

第二节　保险机制支持法治中国建设，助推政治体制改革 …………… 201

第三节　保险弘扬社会主义价值观，助推文化体制改革 …… 207

第四节　保险服务社会管理创新，助推社会治理体系建设 …………… 213

第五节　保险服务建设美丽中国，推动建立生态文明制度 …………… 225

第七章　建设保险型社会服务国家治理现代化的内外部驱动 ·················· 230
　第一节　外部驱动：在国家层面建立从顶层设计到实施细则的政策支持体系 ················ 230
　第二节　内部驱动：监管部门和保险行业合力升级保险供给，加快发展现代保险服务业 ············ 238
参考文献 ·················· 242
后记 ·················· 258

序言

保险作为市场经济的基础性制度和风险管理的基本手段，在保障经济社会稳定运行方面发挥着重要作用。我国正处在全面深化改革和国家治理转型的关键期，面临的矛盾和问题更加复杂而艰巨，迫切需要稳定、全面、有效的制度供给来降低转型所带来的大量不确定性，以支持转型的顺利进行。

十八届三中全会提出"推进国家治理体系和治理能力现代化"，标志着我国进入全面深化改革的历史新阶段。从保险的性质、功能、作用及发展历程来看，保险在降低经济社会各领域不确定性、服务国家治理现代化方面具有比较优势，如何深刻认识并充分发挥保险对经济社会不可替代的作用，更好地服务国家治理现代化，做大做强行业自身，是摆在我们面前的重大课题。

然而纵观保险领域的既有研究，大多只是从保险的基本功能出发来阐述保险在经济社会某一特定领域的作用和影响，系统论证保险在整个经济社会中所发挥的宏观作用的研究还较为有限，特别是在保险是否能够基于微观管理功能形成宏观治理能力，并在国家治理层面产生重大影响的研究领域，基本上处于空白状态。因此，本书致力于填补国家治理现代化与保险宏观治理能力方面的研究空白，从学术角度对保险在服务国家治理现代化方面的作用进行系统论证。

本书综合采用了经济学、政治学、社会学、哲学、法学等多种学科的理论研究方法,并重点引入新制度经济学的分析范式进行深入分析。一方面尝试对国家治理现代化的内涵、目标、路径、制度需求等方面进行系统论证,从经济学视角来解释国家治理现代化的核心是降低社会运行成本;另一方面尝试全面深入地分析保险对整个经济社会的重大影响,系统论证保险机制在服务国家治理现代化方面的比较优势,并对保险形成宏观治理能力的原理进行详细推演,在借鉴前人研究的基础上,创造性地提出"建设保险型社会服务国家治理现代化"的论断,形成研究的核心观点。

同时,鉴于在保险服务国家治理方面历史研究与实证研究的空白,本书一方面对保险发展和国家治理体系演进的内在互动关系进行历史考察,详细论证了我国国家治理体系的演进推动了保险业的发展而保险业的发展又反过来推动了国家治理体系的完善这一互动关系;另一方面对保险机制服务国家治理现代化的国际实践进行实证研究,并系统总结美国建设保险型社会服务国家治理现代化的经验教训,从而实现理论和实践的相互可验证性。

在以上理论和实证研究的基础上,本书以我国"五位一体"的改革总体布局为主要脉络,详细描绘出保险助推全面深化改革、服务国家治理现代化的路线图,并提出相应的政策建议,以期为我国建设保险型社会服务国家治理现代化的顶层设计、系统推进及落地实施提供参考和借鉴。

本书的主要理论创新可以归纳为四个方面:一是基于新制度经济学的分析框架,提出国家治理现代化的核心是降低社会运行成本;二是从保险的不确定性管理功能和全面制度供给能力以及培育现代治理文化三大方面,论证保险机制服务国家治理现代化的比较优势;三是在法国埃瓦尔德等学者的研究的基础上,创新性地论述了保险型社会概念,系统推演在保险型社会,保险从发挥微观管理功能到形成宏观治理能力的原理,提出建设保险型社会服务国家治理现代化的观点;四是基于理论与实践研究以及当代中国经济社会发展现状,提出建设保险型社会是当代中国的必然抉择。

建设保险型社会服务国家治理现代化是一个崭新的命题,也是一个意义重大的命题,涉及多项研究领域,本书虽尽力予以深入研究,仍感与期望存在不小差距,惟期抛砖引玉,推动更多专家学者对这一领域开展研究,为做大做强保险业、更好服务国家治理现代化添砖加瓦。

第一章 国家治理现代化的核心是降低社会运行成本

本章首先对国家治理、国家治理体系及国家治理现代化等定义内涵进行界定,然后从历史和全球视角研究国家治理发展演变规律,并用新制度经济学和交易成本理论对国家治理现代化进行经济学分析,提出国家治理现代化的核心是降低社会运行成本,即通过建立科学完备的制度体系有效降低政治、经济、社会等领域的运行不确定性,进而微观上有效降低交易成本、宏观上有效降低社会运行成本,最终推动国家治理现代化的实现。

第一节 国家治理现代化的内涵

中国共产党第十八次全国代表大会做出了全面深化改革的战略部署。为贯彻落实这一战略部署,中国共产党十八届三中全会研究通过了《中共中央关于全面深化改革若干重大问题的决定》(以下简称《决定》)。《决定》提出,全面深化改革的总目标是完善和发展中国特色社会主义制度,推进国家治理体系和治理能力现代化。这是中国共产党在中央文件中首次提出国家治理体系和治理能力现代化目标,标志着中国共产党对现代化的认识进入了一个全新的境界①,我国的社会主义现代化建设进入了新的阶段,这也是中国共产党对社会政治发展规律新的认识和马克思主义国家理论的重要创新。《中华人民共和国国民经济和社会发展第十三个五年规划纲要》(以下简称十三五规划纲要)中再次指出,十三五发展目标之一就是"各方面制度更加成熟更加定型。国家治理体系和治理能力现代化取得重大进展,各领域基础性制度体系基本形成。"可见国家治理现代化是我国经济社会建设的高阶目标,是中国特色社会主义制度在国家层面的集中体现。因此,对治理、国家治理以及国家治理现代化的内涵的理解具有重大意义。

一、治理及国家治理

英语中,治理一词早已有之,原意是控制、引导和操纵之意。但是自20世纪90年代以来,西方政治学家和经济学家赋予了治理(Governance)一词以新的含义,使它不再只局限于政治学领域,而是被广泛应用于经济社会领域。特别是西方政治学家和社会学家,按照各自关注研究的侧重,对治理一词给出了大量新的界定。

在内涵、外延各异的"治理"定义中,对人们活动的管理,以及治理的制度、规则内涵是被权威研究机构所强调的两方面内容。如全球治理委员会提出,治理是各种公共的或私人的机构管理其共同事务的诸多方式的综合,是一个调和不同利益和冲突的持续过程,它包括各种正式和非正式的制度和规则②;联合国开发计划

---

① 许海清:《国家治理体系和治理能力现代化》,中共中央党校出版社2013年版,第11页。
② 俞可平:《治理与善治》,社会科学文献出版社2000年版,第2页。

署认为,治理是通过市民社会和私人部门之间的互动,一个社会管理其经济、政治和社会事务所依靠的价值、政策和制度体系,它是为个人、组织和公司设定界限和提供机理的规则、制度和实践[1]。因此概括而言,政治学、社会学视角下,治理的基本含义是一种管理社会事务的方式方法,制度或规则是其中的重要内容。

根据治理的不同层次,可以对治理概念进行划分,包括全球治理(超国家)、国家治理、社会治理(次国家)、机构治理(法人)四个不同的层次[2]。按此划分,国家治理即国家层次的治理,或国家范围的治理,是对一国国内经济、政治、文化、社会、人与自然关系,以及国际关系等事务和活动的治理。在这里,国家很大程度上仅仅是治理幅域的一个限定语。

国家治理是一个开放性和系统性的概念,可以从多角度分析,例如从横向上可分为经济治理、政治治理、社会治理、文化治理和生态治理,且每一个领域还可继续细分,如经济治理又包括市场治理、企业治理等。从纵向上看,可以把国家治理分为基层社会的治理、地方的治理和全国性的治理等。

国家治理涉及三个基本的问题,即谁治理、如何治理,治理成效,也即治理主体、治理机制和治理效果。简单而言,国家治理的主体可以包括:政府、市场和社会。治理的方式可以是经济、政治、法律、民主、合作等方式。治理成效则是治理主体和治理机制相互作用后的结果体现[3]。

---

[1] 张小劲、于晓虹:《推进国家治理体系和治理能力现代化六讲》,人民出版社2014年版,第32页。
[2] 同上书,第13页。
[3] 虽然治理成效受到治理外部环境和本身治理传统等内外部多种因素的影响,但起决定因素的仍然是治理主体和治理机制,也就是说,有什么样的治理主体和治理机制,很大程度决定了有什么样的治理成效。只有治理主体和治理机制相适应,才可能产生最佳的治理成效。

二、国家治理体系与治理能力

国家治理体系和治理能力是国家治理的两大基本要素,相互联系又相互区别,并统一于国家治理。国家治理体系是国家治理能力孕育的基础,国家治理能力是国家治理体系功能的彰显。国家治理体系更完善,国家治理能力就会提高;国家治理能力提高,国家治理体系才可能更好地发挥作用。国家治理体系和治理能力是一个有机整体,相辅相成。

1. 国家治理体系

基于国内外学者对治理、国家治理概念的研究和共识,我们认为,国家治理体系是一国经济社会管理的制度体系①,或者说是规范社会权力运行和维护公共秩序的一系列制度和程序。这一系列制度和程序的目的是规范社会权力运行,其中既包括政府等公共机构的权力运行,也包括其他非公共机构的权力运行,最终是维护公共秩序。这一系列制度和程序包括规范行政行为、市场行为和社会行为三方面的制度程序。在现代社会中,由于政府治理、市场治理和社会治理最为突出,政府治理、市场治理和社会治理是现代国家治理体系中三个最重要的次级体系②。

2. 国家治理能力

就基本概念而言,国家治理能力是一国运用其制度体系管理社会各方面事务的能力。就本质而言,国家治理能力是一种干预,即有

---

① 编写组:《党的十八届三中全会决定学习辅导百问》,党建读物出版社、学习出版社2013年版,第15页。
② 俞可平:《国家治理的现代化之路》,《中国青年报》,2013年12月4日。

目的的、直接的社会政治互动形式①。相对于国家治理体系,国家治理能力相对抽象。它并非一种实体,而是对国家治理体系中各主体的角色定位和彼此间的联系和相互作用的反映。同时,国家治理能力也是复杂的。由于国家治理是动态的、复杂的和多样的,国家治理能力就不可能是政府单方面的能力,也不是静态的、孤立的能力,而是多个主体、多层次、多样化互动所形成的动态"合力"。现代社会,国家治理能力面临的重要挑战是,它必须要满足现代社会子系统日益多样化、复杂化、动态化的现实。或者说,国家治理能力唯有更加有效,更加合理,才能适应现代社会的演进。

三、国家治理的历史演进

1. 国家治理演进的四个历史阶段

从历史维度考察,国家治理的一般历史演进历程可以分为四个阶段,即无治理主体的"前治理"时期,政府绝对主导的单元治理时期,政府—市场二元主导治理时期,以及政府—市场—社会主导的三元治理时期②。

第一,无治理主体的"前治理"时期。在"前治理"时期,统治者的活动范围往往较窄,甚至无法满足国民的一般政治和经济要求,更谈不上选择余地。政府对经济的促进作用非常有限,也较少地参与到社会经济的具体建设过程中,更多的是以统治者的姿态出

---

① 〔美〕库伊曼:《治理和治理能力:利用复杂性、动态性和多样性》,社会科学文献出版社2000年版,第234页。
② 景维民等:《经济转型深化中的国家治理模式重构》,经济管理出版社2013年版,第33页。

现。政府将统治集团的私利凌驾于所有社会经济主体的利益之上,其行为的核心目的更多的是在于维持其统治。在西方,只有到了16世纪,随着可支配政治权力的增加,人们才开始更多关注政府应当做什么及其正当职能是什么,此时作为治理主体的政府才开始真正出现(奥坎肖特,1962)。因为只有政府通过自身的优势手段来有意识地参与并实现国家财富和公共利益最大化时,作为一个治理主体的政府才出现。

第二,政府绝对主导的单元治理时期。随着物质和精神文化的繁荣丰富,社会阶层的逐渐出现,维护秩序、控制社会必然需要一个作为统治者的治理主体。在政府绝对主导的单元治理模式中,政府作为事实唯一的治理主体对社会经济发展起着绝对主导作用,而市场则处于从属的地位,独立的社会治理此时基本不存在。政府凭借其在国家权力中的垄断地位,使其成为一个凌驾于市场和社会之上的公共秩序治理主体。此时政府在一般社会经济发展过程中可以任意决定和支配各个社会发展要素之间的关系,在社会信息传递方式上则是自上而下的单维传导,其核心表现是命令与控制。

第三,政府—市场二元治理时期。随着经济社会,特别是市场经济的发展,社会中产生了一个占有大量财富资源并具有一定自治能力的私人部门——市场。这一壮大的私人部门为了继续扩大化其利益,在国家治理体系中发出自己的有力声音,它有摆脱政府干涉和压制的强烈冲动。它开始抗衡和制约政府的权力,进而冲击以政府为绝对主导的一元治理模式。由此,市场不断壮大而国家治理能力不相适应造成的阶层对立、社会摩擦不断加剧。在双方历经一番博弈之后,壮大的市场逐步成为商品经济社会实施管理的重要途径和主要手段,成功从国家治理后台走到前台;政府则逐渐从经济发展的直接参与和主导者,转变为市场机制的维护者。由此,政府—市场二元治理模式逐渐取代了政府占绝对主导的单元治理模式。

第四,政府—市场—社会三元治理时期。政府—市场—社会这种三元国家治理,是随着社会发展的不断演进,社会结构日益复杂,独立于政府和市场的公共社会领域不断扩展、社会力量不断壮大而发展起来的。虽然政府和市场在各自的领域中具有独特的治理优势,但是由于二元治理框架总体限定了社会力量参与国家治理通道和可能,不断壮大的社会力量无法在国家治理体系中占有一席之地,利益诉求和建议声音无法有效反映至国家治理层面,导致"政府失灵"和"市场失灵"日益频繁。政府和市场治理下难以有效解决的各类社会问题以社会矛盾、群体性事件、阶层分化等形式不断涌现,经济社会运行成本不断上升,社会不稳定因素不断积聚。面对社会活动领域的拓展和社会系统的复杂化,一个"专职"于该领域治理的主体成为时代的急需,这就是国家治理中的"社会"主体。依赖于政府、市场对社会治理主体的需要和培育,以及社会治理主体自身的壮大成长,当社会这一治理主体加入到原先的政府—市场二元治理模式中后,大量为政府、市场所无法解决的社会治理问题得以妥善解决。

2. 从统治,到管理,再到治理的背后逻辑[①]

第一,统治:"前治理"时期与单元治理时期。国家治理的历史演

---

① 张小劲、于晓虹:《推进国家治理体系和治理能力现代化六讲》,人民出版社2014年版,第78页。

进,背后反映出的是人类社会权力关系从统治到管理,再到治理的发展历程。在资本主义时代之前(主要是无治理主体和单元治理主体时期),社会权力的核心理念是"统治",其基本特征是:政治色彩浓厚,政治、行政二者合一;公共管理活动具有为政治统治服务的职能特点,公共管理权力来源于最高统治者尊崇的"君权神授"原则;统治模式下的政府职能包罗万象,公共权力的行使方法和方式单一,主要运用暴力、酷刑和宣传教化等方式使被统治者臣服。

第二,管理:国家—市场二元治理时期。随着资本主义时代到来(主要是政府—市场二元治理时期),以管理为核心理念的权力关系成为主流。其管理模式的特点是:政治色彩淡化,管理、服务的职能越来越彰显出来,而统治职能则变得日益隐蔽。根据社会契约论的观点,公共管理的权力自下而来,来源于人民对权力的让渡和授予。这种行政模式下,政府的公共管理职能逐步分化且按类别行使,涉及政治、经济、社会、文化等各种领域。公共管理方法趋于多样化,其中法律制度的全面建立与执行,是人类社会迈入现代文明①的重要标志,也是法治国家首要的管理方法之一。

第三,治理:国家—市场—社会的现代三元治理时期。迈入现代社会,公共管理活动则逐渐以"治理"为主要特色。治理是自下而上和自上而下互动的过程,强调政府与市场、社会通过合作、协商、建立伙伴关系、确立共同目标等方式,实施对公用事务的管理,从而寻求政府与公民对公共生活的合作管理和实现公共利益的最大化。其基本特征是,合法性、参与性、公开性、透明性、回应性、法治性和责任性。治理模式下,参与者最终形成一个自主的网络,这

---

① 一种观点是,现代文明与近代文明的界线是俄国十月革命,即 1917 年。

一网络在特定的领域中拥有发号施令的权威,它与政府在特定的领域进行合作,分担政府的行政管理职责。

四、国家治理体系和治理能力现代化

一般而言,现代化是不发达社会成为发达社会的过程或目标。作为过程,其核心标志是以先进的科学技术发展生产力,生产和消费水平不断提高,社会结构及政治意识形态相应变化①。而作为目标,其主要是指以当代发达国家为参考系的先进科学技术水平、先进生产水平和消费水平。当作为一个明确的时间阶段,一般认为,现代化是人类社会从农业社会向工业化、城市化社会转变的过程②。

国家治理体系和治理能力现代化,包括国家治理体系的现代化和国家治理能力的现代化,可以将其简称为国家治理现代化。不同于已有的现代治理(Modern Governance)③、治理现代化(Modernizing Governance)④、地方治理现代化(Modernizing Local Governance)⑤等概念,国家治理现代化强调系统的、国家整体层面的治理现代化,是中国共产党提出的新范畴,目前人们对它的认识并不

---

① 《辞海》,上海辞书出版社1999年版,第3424页。

② 如〔美〕戴维·波普诺:《社会学》,辽宁人民出版社1987年版,第618页;于建荣等:《国家治理体系和治理能力现代化党政干部读本》,国家行政学院出版社2014年版,第8—9页。

③ Kooiman, Jan, *Modern Governance—New Government-Society Interactions*, SAGE Publications Ltd, 1993.

④ Jan et Newman, *Modernizing Governance—New Labour, Policy and Society*, SAGE Publications Ltd, 2001.

⑤ McLaughlin, Kate, György Jenei, Comparative Perspectives on Modernizing Local Governance, *Public Management Review*, 2002, 3:271-274.

一致①。但是比照上述现代化的一般概念,可以发现,中国共产党提出的国家治理现代化并不简单强调历史时间维度上的演变(如相较于古代、近现代等),而是侧重强调国家治理本身内容、属性等的变化。大量国内研究者也正是从这一角度出发,分析探讨国家治理体系和治理能力现代化。如江必新和许耀桐都认为,国家治理现代化就是更加科学、民主,国家治理体系更加制度化、规范化、程序化;俞可平认为,国家治理体系现代化,关键在于权力运行更加制度化和规范化,社会更加民主化、法治化,更有效率,更加协调。

综合治理、国家治理的基本概念,国家治理的历史演进,以及国内研究者对国家治理现代化这一新生概念的研究,可以认为,国家治理现代化是为适应国家现代化的总体进程,对国家治理体系和治理能力的进一步要求,国家治理的主体、机制、对象等内容更合理、科学、规范,最终形成良好治理效果。

具体而言,在国家治理主体方面,政府、市场、社会充分发挥各自的治理优势,三者协调合作,共同发挥治理作用,而不再是政府绝对主导国家治理,或政府—市场二元绝对主导国家治理。在国家治理机制方面,以法治为核心的现代制度体系成为治理的核心工具,治理机制更加制度化、规范化、系统化,统治和管理的色彩更加弱化。在国家治理的对象方面,国家的经济、政治、文化、社会、生态等各方面的活动和事务共同成为重要治理对象,不再仅仅侧重于某一方面或某几方面的活动和事务。最终,在更合理、更科学、更规范的国家治理主体、治理机制和治理对象相互作用下,形

---

① 于建荣等:《国家治理体系和治理能力现代化党政干部读本》,国家行政学院出版社2014年版,第8—9页。

成一种更为良好的国家治理效果,匹配并适应时代的现代化进程。

第二节 国家治理现代化的目标

一、国家治理的经济学解释

自20世纪90年代以来,治理及其相关理论不仅成为政治学、社会学的热门研究对象,同时也成为经济学的重要研究内容。特别是交易成本经济学,作为新制度经济学中受到实证检验支撑的重要分支,把治理作为主要研究内容[1],采用契约的分析方法研究组织及其治理[2],因而对治理相关问题具有深刻洞见。与政治学、社会学侧重研究治理的宏观形态不同,经济学视角侧重于研究治理的微观基础,也就是从人类个体行为假设出发,借助交易成本这一中介性变量来界定治理的基本功能,进而推演出人类社会广泛存在的各种治理机制[3]。

按照新制度经济学一般的解释,交易成本是因搜寻信息、谈判、签约,以及合同履行等所产生的成本。从交易成本的性质来分,可以划分为"固定"的交易成本和"可变的"交易成本[4]。"固

---

[1] 〔美〕威廉姆森:《治理机制》,中国社会科学出版社2001年版,第14页。
[2] 惠双民:"交易成本经济学综述",《经济学动态》2003年第2期。
[3] 景维民等:《经济转型深化中的国家治理模式重构》,经济管理出版社2013年版,第33页。
[4] 卢现祥、朱巧玲:《新制度经济学(第二版)》,北京大学出版社2012年版,第84—85页。

定"的交易成本是确定无疑需要支付的成本,典型如购物中的物流成本;"可变的"的交易成本是不确定要支付的成本,如购物后因或有的质量问题而带来的退货费用。交易费用之于经济世界,如同摩擦力之于自然世界,没有交易费用的世界是不现实的①。诺贝尔经济学奖获得者诺斯指出,交易费用或交易成本不仅仅是经济领域的概念,它"反映了构成一个经济的或在一个更大范围的社会中整个制度(包括正规的和非正规的)的复杂性"②。由于交易是人类经济活动的基本单元,因此交易无处不在③。正是由于"交易无处不在",因而交易成本被认为是普遍存在,同时治理机制也相应广泛存在于人类社会的各个领域,既包括市场中的治理,政府部门的治理,也包括社会公共领域中的治理④。

　　经济学视角下⑤,国家治理是一定领土范围内,政府、市场和社会相互耦合所形成的一种整体性的制度结构模式,其中政府、市场和社会各自都是由一系列相互关联的规则、组织和治理机制构成的制度系统。具体来看,在微观层面,这套制度系统发挥着协调社会成员行为,提供有效的激励约束结构,通过降低不确定性,进而降低社会风险,最终降低社会交易成本。而表现到宏观上,就是政府、市场和社会三大治理主体相互协调、相互配合,复杂的生产、交

---

① 卢现祥、朱巧玲:《新制度经济学(第二版)》,北京大学出版社2012年版,第84—85页。
② 〔美〕道格拉斯·诺斯:《制度、制度变迁与经济绩效》,上海三联书店1994年版,第91页。
③ 黄少安:"交易费用范畴研究",《学术月刊》1995年第11期。
④ 卢现祥、朱巧玲:《新制度经济学(第二版)》,北京大学出版社2012年版,第84—85页。
⑤ 景维民等:《经济转型深化中的国家治理模式重构》,经济管理出版社2013年版,第33页。

易活动得以实现,社会财富和社会效用得以增加,从而推动现代社会的演进。

二、国家治理演进的经济学解释

国家治理的演进,或者说国家治理和经济社会基础之间的动态关系,类似生产力和生产关系间的辩证统一关系,两者相互作用,同时经济社会基础又起着更为基础和决定性的作用。

1. 国家治理和经济社会基础间的辩证关系

首先,经济社会基础决定国家治理。历史上各种国家治理体系和治理能力都要适应当时的经济社会基础。有什么样的经济社会基础,就决定了产生什么样的国家治理。经济社会基础是国家治理的前提条件。其次,经济社会的发展决定国家治理的演变。国家治理是经济社会发展所需要的产物,只有当它为经济社会发展提供有效管理和良好服务时,国家治理才能存在,也才能发挥积极作用。随着经济社会基础的演变,社会结构的变化,原本适应经济社会基础的国家治理体系和治理能力会逐渐变得不适应,甚至阻碍经济社会演进。当国家治理不再适应经济社会时,人们就需要主动改变原有的国家治理体系和治理能力,以适应变化了的经济社会基础。

国家治理对经济社会基础具有反作用。主要表现为两种情况,即当国家治理适合经济社会发展的客观需要时,它对经济社会发展起到重要的推动作用,能够更好地管理经济社会、服务经济社会,促进经济社会发展。而当国家治理不适合经济社会发展的客观需要时,国家治理不但不能推动经济社会发展,反而会成为经济社会发展的桎梏。具体表现为社会运行成本不断上升,社会前进动力受到阻碍。

2. 国家治理与社会经济结构的矛盾运动

国家治理和经济社会基础间的相互作用是一个过程，表现为两者的矛盾运动。经济社会基础是其中相对活跃、易变的因素，国家治理体系和治理能力则是相对稳定的因素。从历史实际看，新的国家治理体系和治理能力形成时，多是匹配适应当时的经济社会基础，能够充分管理好经济社会，服务好经济社会。但是随着经济社会逐步发展，社会结构的变化，当国家治理体系和治理能力未能做出相应改变时，就会难以适应经济社会基础，导致社会运行成本不断增加，群体性事件、阶层对立等社会矛盾不断增加。可以说，国家治理和经济社会基础存在"基本适合——基本不适合——基本适合"的矛盾运动。在每一个循环之后，社会就会发展到结构更复杂、内容更丰富的新一层级。

3. 国家治理一定要适应经济社会基础的规律

国家治理的演进历史表明，存在国家治理体系和治理能力一定要适应经济社会基础的规律。国家治理体系和治理能力无法适应经济社会基础，社会运行成本不断上升，这种情况是难以长期为继的。变化了的经济社会基础必然会要求国家治理体系和治理能力做出改变。无论是面对改变了的经济社会基础，固守原有的国家治理模式；还是离开经济社会基础，主观任意改变国家治理，都是违背这一基本规律的，都会立刻体现为经济社会运行成本的上升，并由上升的成本迫使国家治理做出改变。

从上文所述国家治理的具体历史演进看，在政府绝对主导的单元治理时期，随着社会日趋复杂化，社会各阶层信息沟通严重缺乏的问题日益突出，进而导致社会交易成本畸高。同时，治理上过度管制的刚性无法适应多变的环境，不可避免的"行政选择性执行"；再加上在国家治理模式中的一支独大而不可避免的腐败行为,使得整个社会处于低效率的发展阶段。这时候单元国家治理模式对经济社会发展的阻滞作用就越来越突出,二元治理成为当时解决经济社会发展的最佳治理模式。而随着人类社会发展,社会公共领域不断壮大,二元治理存在的突出矛盾——市场失灵和政府失灵问题日益显严重。西方世界19世纪末以来不断爆发的经济危机,就确凿地显示二元国家治理模式已无法满足社会经济发展的要求,高昂的经济社会运行成本使得三元国家治理逐渐兴起。

但是需要指出,历史与现实中国家治理的形成与演进都具有一定的共性特征,但又呈现出明显的个性差异,并不存在新自由主义所谓的最优制度实践。"一个国家选择什么样的治理体系,是由这个国家的历史传承、文化传统、经济社会发展水平决定的,是由这个国家人民决定的"[1]。

三、国家治理现代化的目标是降低社会运行成本

首先,从微观理论层面看,国家治理和降低交易成本具有紧密的理论联系。一方面,在交易成本经济学视角下,治理的基本含义是使交易成本最小化的合约选择、组织设计和制度安排。因为经济学界大多秉承个体主义和微观分析的传统,将治理看成一种协调个体行为、削减交易成本、缓解委托—代理等问题的一些契约、组织、机制或制度安排[2]。另一方面,如诺奖得主威廉姆森指出的[3],"交易成本

---

[1] 习近平:"完善和发展中国特色社会主义制度 推进国家治理体系和治理能力现代化",《人民日报》,2014年2月18日。
[2] 景维民等:《经济转型深化中的国家治理模式重构》,经济管理出版社2013年版,第70—71页。
[3] 〔美〕威廉姆森:《治理机制》,中国社会科学出版社2001年版,第14页。

经济学主要的关注内容是治理",交易成本经济学致力于鉴别、解释和缓解合约风险。

其次,从宏观历史演进看,社会运行①成本是实际推动国家治理与经济社会基础之间矛盾运动的关键要素。当微观上全社会交易成本较低,宏观上社会运行成本可控,经济社会就能顺畅运行,国家治理就能够较好服务和管理经济社会基础,经济社会基础能够较好地发展。而当国家治理不相适应于经济社会基础,即微观上表现为社会交易成本较高,宏观上表现为社会运行成本巨大,此时,固守原有的国家治理体系就会难以为继,国家治理将不得不做出相应改变,以适应降低社会运行成本的客观诉求②。

国家治理现代化强调国家治理的主体、对象、机制、效果等内容的现代化,达到上文所述的静态的国家治理状态,即政府、市场、社会充分发挥各自的治理优势,以法治为核心的现代制度体系成为治理的核心工具,以经济、政治、文化、社会、生态等各方面的活动和事务为治理对象,最终实现三元治理主体相互协调、相互合作,发挥最大治理效果。

在经济学视角下,国家治理现代化突出强调通过实现上述目标,

---

① 国内社会学派中,有一派名为社会运行学派,创始人一般认为是中国社会学会名誉会长郑杭生。他提出,"所谓社会运行,指的是社会有机体运动、变化和发展的状态和过程,表现为社会多种要素和多层次系统之间的交互作用以及它们多方面功能的发挥",而"所谓社会转型,指是这样一种特殊的、过渡形态的社会运行状态:从农业的、乡村的、封闭的传统社会逐渐过渡为工业的、城市的、开放的现代社会。它是社会运行状态的质变。"见郑杭生:"中国社会研究与中国社会学学派——以社会运行学派为例",《社会学评论》2013年第1期。

② 从中国实际看,国家治理现代化作为一个主动提出的奋斗目标,其背后的含义是"适应国家现代化总进程(习近平:"完善和发展中国特色社会主义制度 推进国家治理体系和治理能力现代化",《人民日报》,2014年2月18日)",换言之即顺应经济社会演进,匹配经济社会基础,降低社会运行成本。

在微观上协调社会成员行为,提供约束激励,进而降低全社会交易成本,使社会中数量日益繁多、结构日益复杂化的交易得到实现,社会成员收益扩大。宏观上,优化国家治理体系结构,各子系统实现治理的"边际成本"更低,以各领域中的交易活动为重要内容的社会运行成本显著下降;特别是防止出现社会无法在既有的国家治理体系和治理能力下顺畅运行,甚至国家治理阻碍社会前进、国家治理被迫发生改变的社会波动或动荡的情况。因此,经济学视角下,通过增进效率、促进公平、保持稳定,微观上降低社会交易成本、宏观上降低社会运行成本,是国家治理现代化的重要含义和目标。

第三节 国家治理现代化的路径

国家治理要"现代化",实现降低社会运行成本的目标,其主要理论逻辑和实现方式分析如下。

一、国家治理现代化的关键是全面现代制度供给

如上文所分析的,国家治理包括治理主体、治理机制、治理成效等方面内容,虽然治理成效受到治理外部环境和本身治理传统等内外部多种因素的影响,但起决定因素的仍然是治理主体和治理机制,也就是说,有什么样的治理主体和治理机制,很大程度决定了有什么样的治理成效。只有治理主体和治理机制相适应,才可能产生最佳的治理成效。

国家治理机制包括制度、政策、特殊安排以及一些理念、观念等。

但是从重要性和关键性看,制度是其中的主体。需要指出,这里的制度是指由人类设定的规则,或者说正式的制度(不同于自然演进形成的习俗、禁忌等非正式制度)[①]。不同于一些政策、特殊安排以及理念、观念等在影响范围、影响时间和影响深度存在较大不确定性,制度对于其影响时间、影响范围以及影响深度有系统的事前设计和考虑,因而有更为确定的效果,同时也更具有约束性和指向性,这使得它得以承担起国家治理机制中主要的约束和规范任务。

因此可以认为,国家治理机制现代化的关键在于治理制度的现代化。具体包括两方面的内容:一方面是旧有制度的更新,即将传统以行政(政府)为主的传统制度体系,转变为行政(政府)、市场、社会三者相互补充、相互协调的制度体系;另一方面是空缺领域制度的填充,即弥补、填充以往行政(政府)、经济、社会领域的制度缺失,使现代社会的运行——特别是权力运行——更多地置于制度规定和法律约束之下。总结而言,国家治理现代化的关键,以经济学术语表达就是现代制度对社会的全面供给。

二、现代制度供给降低社会交易成本的理论机制

1. 不确定性是交易成本的重要来源

新制度经济学一般认为,交易成本的根本来源有三大要素,即有限理性、机会主义和资产专用性[②]。有限理性既是因为环境复

[①] 〔美〕道格拉斯·诺斯:《制度、制度变迁与经济绩效》,上海三联书店1994年版,第4页。
[②] 卢现祥、朱巧玲:《新制度经济学(第二版)》,北京大学出版社2012年版,第86页。

杂，人难以有效预见未来，也是由于人自身理性或智慧的局限性。机会主义则是人的一种投机性动机，为达目标不择手段，或者说不按规则办事的倾向。资产专用性则是人或物做一种用途使用后难以再做他用，因而对制定合约存在一种事后的制约。从以上定义可以看出，不确定性是有限理性和机会主义的重要来源。不确定性的存在使得人们无法全面地看到未来，也使得人们的理性显得有限[1]，同时也诱使人们在未来采取不遵守规则的应对行为，即机会主义。资产专用性是由于特定资产未来所被使用的领域的不确定性所致，其背后核心仍是不确定性。因此从理论上说，不确定性是交易成本的重要来源。

从现实而言，生产生活中，交易双方或多方之间存在这样那样成本的直接原因是，交易双方对对方行为的不确定。不同具体因素（如信息不对称、监督缺失、机会主义等）导致的不确定性，或者说缺乏一个可靠的一致行动框架或行动准则，导致了交易双方难以预测对方未来可能的行为。当这种预测成本较小、交易本身较为简单、交易价值较为低廉时，这种阻碍成本对交易双方和社会的影响并不明显，而当预测成本较大、交易复杂化、交易本身价值巨大时，这种阻碍对整个社会都造成巨大负面影响。

2. 现代制度供给有效降低不确定性

"制度在一个社会中的主要作用是通过建立一个人们相互作用的稳定结构来减少不确定性。"[2]不确定性是制度产生的原因，而

---

[1] 奈特一派的经济学研究者认为，有限理性来源于不确定性，参考卢现祥、朱巧玲：《新制度经济学（第二版）》，北京大学出版社2012年版，第59页。
[2] 〔美〕道格拉斯·诺斯：《制度、制度变迁与经济绩效》，上海三联书店1994年版，第7页。

制度的存在则是为了降低不确定性。如诺斯认为,"制度的存在是为了降低人们相互作用时的不确定性。"经济学家罗伯特·海纳更是认为,不确定性是制度的起源①。制度降低不确定性的机制包括两个方面内容。一方面,制度通过限制人的选择范围,使人的行为变得更具有可预见性,人们之间行动的协调成为可能;另一方面,制度通过规定人们的权力与义务,使逃避义务的风险增加、承担责任的激励趋强,机会主义得到抑制,培育了社会互利合作的文化与社会信任感②。需要强调,在这里制度并不特指好的或合理的制度,相比没有制度、交易成本无限大的情况,制度无论是否合理,通过为社会成员提供一个可预见的未来,都能起到降低不确定性的作用。但是相较于一般范畴的制度,现代制度是一种能建立"更有效的预期机制"③的制度,也即通过提供一套规范合理、为社会所认同的规则体系,建立一种有效稳定未来的机制,将他人的主观意志转变为可预期的客观对象,在事先就有效降低不确定性。由此,现代制度在机制设计上必然具有更科学、更合理、更符合人类社会发展趋势的特点。具体而言:

首先,现代制度高度匹配国家治理现代化的需要,全面覆盖政府、市场、社会各个领域,能保障和促进政府、市场、社会充分发挥各自的治理优势。

其次,现代制度带有鲜明的法治和契约属性,关注公平和正义,通过合理弱化制度主导设计方的非对称权力,适应和匹配以法

---

① 〔美〕道格拉斯·诺斯:《制度、制度变迁与经济绩效》,上海三联书店1994年版,第34页。
② 卢现祥、朱巧玲:《新制度经济学(第二版)》,北京大学出版社2012年版,第66—67页。
③ 邹吉忠:"论现代制度的秩序功能",《学术界》2002年第6期。

治为核心的现代社会整体运行规范,长期能够更有效地降低社会不确定性。

第三,现代制度强调各制度间的合作与匹配,能够发挥一加一大于二的效果,充分体现现代制度体系的协调配合效果。因此,现代制度具有更强的可预见性和稳定性,在降低社会不确定性上具有更加突出的效果。

三、现代制度供给降低社会交易成本的现实方式

首先,现代制度供给通过把人类社会几乎所有的生产生活活动纳入到规范的制度框架,包括对经济、政治、文化、社会以及生态等领域现代制度的覆盖,实现以确定、显性的制度取代不确定、隐性的习俗、道德规范或观念,进而大大降低社会交易成本。在现代制度覆盖新领域方面,如全球性的经济、贸易各种制度规范的制定,风险管理方面国际、国内制度的制定,生态、环保等新产业、领域方面国际、国内制度的制定等。在现代制度革新旧有制度领域方面,典型如市场交易制度内在结构的不断更新演变,如以舆论监督为代表的社会力量在其中参与程度的不断增加,以行政干预为代表的政府力量在其中参与程度的不断减少。

其次,现代制度供给强调法治和契约属性,不是简单地自上而下制定规范,而是关注公平正义,提倡治理各方主体协商、沟通后达成共同遵守的约定或约束,进而减少事后纠纷和过程中的合同执行摩擦,降低社会不稳定性,使得能从长期上降低社会交易成本。如在经济(市场)领域,社会保障和社会风险管理逐渐从政府独家包揽到市场、政府和社会共同参与管理;在政治(政府)领域,

官员选拔从上级命令式任命到普通民众逐渐参与选人用事；在社会领域，社会组织从单方面服从政府管理到新框架下与政府、市场共同改进相关制度设计，提升制度合理性与科学性。

最后，现代制度供给强调各制度体系间的合作，关注政府、市场和社会治理间的协调，能有效降低社会交易成本。典型如通过现代市场制度供给与行政（政府）制度供给的协调配合，能够有效互补政府、市场间的治理优势，显著降低传统制度体系下的各方交易成本。

第二章 保险机制服务国家治理现代化具有独特比较优势

国家治理现代化需要系统完备、科学规范、运行有效的制度供给①,这些制度供给应契合国家治理体系的需求,支持国家治理体系把各方面制度优势转化为管理国家的效能②。本章认为,保险机制在服务国家治理现代化方面具有比较优势,其比较优势可以归纳为不确定性管理、全面制度供给、培育现代治理文化三大方面,并通过对保险发展与国家治理体系演进互动关系的历史对比考察,论证保险机制在服务国家治理现代化方面的重要性。

第一节 保险机制服务国家治理现代化的理论分析

本节从保险的性质、功能及相关理论出发,重点阐述保险机制

---

① 十八届三中全会决定提出,"到二○二○年,在重要领域和关键环节改革上取得决定性成果,完成本决定提出的改革任务,形成系统完备、科学规范、运行有效的制度体系,使各方面制度更加成熟更加定型。"

② 习近平指出:"国家治理体系是在党领导下管理国家的制度体系,包括……等各领域体制机制、法律法规安排,也就是一整套紧密相连、相互协调的国家制度","国家治理能力则是运用国家制度管理社会各方面事务的能力","要更加注重治理能力建设,增强按制度办事、依法办事意识,善于运用制度和法律治理国家,把各方面制度优势转化为管理国家的效能"。习近平:"切实把思想统一到党的十八届三中全会精神上来",新华网,2013 年 12 月 31 日,http://news.xinhuanet.com/politics/2013-12/31/c_118787463.htm。

在服务国家治理现代化方面的机理,并从经济学视角论证保险对国家治理现代化制度需求的高度契合。

一、保险的性质、功能和作用

1. 保险的性质

保险是集合具有同类危险的众多单位或个人,以合理计算、公平分担的原则收取保费并建立基金,对少数成员因该危险事故导致的损失进行补偿的制度安排①。保险以大数法则作为基础,通过汇集风险来降低被保险人生产生活中的不确定性,因此保险被界定为"以确定性取代不确定性的一种社会工具"②,是管理不确定性的一项基本制度。

保险的性质包括其自然属性和社会属性,保险的自然属性体现为经济损失补偿行为,而社会属性则体现为在参与主体之间形成的再分配关系。具体而言,是指单位或个人为了保障其经济生活的安定,在参与平均分担少数成员因偶发的特定危险事故所致损失的补偿过程中形成的互助共济的分配关系。这一分配关系是人类社会在发展过程中客观存在的一种经济关系③。

---

① 亦有学者提出保险是一种补偿行为,本文认为保险在对经济社会的广泛渗透中,其定义已经超越了一般经济活动的范畴,发展成为具有互助共济性质的公认的社会规则,从商业行为演进为一种制度安排。

② 威利特(Willett)将保险定义为"保险时汇集一人或一群人之力量来承担多人所移转之风险,以应付不确定之资金损失的社会工具";库尔普(Kulp)将保险定义为"保险乃是透过灾源汇合,以确定性取代不确定性的一种正式社会工具"。(段开龄,1996)由此可见,管理不确定性是保险的基本功能。

③ 为了消除自然灾害、意外事故或生老病死等经济生活的不安定因素,人们也必须以共同的联合行动,互相共济,共同分担经济损失补偿,以集体的力量增强同自

2. 保险的功能

保险的发展历程是保险价值创造边界不断扩大、价值创造能力不断提升的过程。保险从最初诞生时所具有的风险分散与经济补偿功能，到资金融通，再到社会管理，形成保险三大功能。随着科技进步和经济社会发展，基于科技创新和商业模式创新应用，保险降低风险的功能将凸显。

风险分散与经济补偿功能是保险的基本功能，也是保险手段和目的的统一，具体表现为保险人向众多投保人收取保险费并建立保险基金，对约定的事故损失给予经济补偿或保险金给付。风险分散和经济补偿功能决定了保险具有不确定性管理的基本属性。

资金融通和社会管理功能是经济补偿功能的衍生功能。由于保费的收取和赔付在时间和数量上存在一定差异，使得保险公司能够收集社会上大量资金，并有条件运用于各种投资，从而具备了资金融通功能。随着保险覆盖范围的扩大和经济补偿、资金融通功能不断深入发挥，保险以更加积极的姿态融入现代经济生活的各个领域中，开始发挥协调社会经济生活、提高社会运行效率、提升公众生活质量的作用，逐渐具备社会管理功能[1]。

然界做斗争的能力，保证社会再生产的顺利进行和经济生活的安定，这样也就形成了他们之间特有的"我为人人，人人为我"，"千家万户帮一家"的经济关系，即保险分配关系。由于自然力和偶发事件造成的破坏在任何社会制度下都是不可避免的，是不以人的意志为转移的自然规律，这就决定了在商品货币经济条件下，保险分配关系存在的客观必然性。参见魏华林、林宝清：《保险学》，高等教育出版社2011年版，第25—26页。

[1] 例如魏华林、李金辉（"论充分发挥保险的社会管理功能"，《保险研究》2003年第11期）；中国保监会武汉保监办课题组（"对保险功能的再认识"，《保险研究》2003年第11期）等文献均明确提出保险具有社会管理功能。2006年，国务院颁布《国务院关于保险业改革发展的若干意见》，其中第一条明确指出："保险具有经济补偿、资金融通和社会管理功能，是市场经济条件下风险管理的基本手段。"

降低风险是风险管理和资金融通功能的新的衍生发展。在保险的发展过程中,管理不确定性的方式沿着两个路径在演变发展,其一是基于科技进步带来的新技术创新应用,保险从风险等量管理扩展到风险减量管理,从"精算公平"基础上的风险分散扩展为提供风险管理服务来降低风险发生概率和损失程度[1],例如在发达国家普遍采用的工程保险 CIP 计划(可控保险计划)中,保险公司会为承保工程派驻工程师团队,担任其安全管理顾问,在安全管理顾问的参与和指导下,业主、承包商和分包商会制订相关的防损计划和事故报告程序,并且在监督下严格贯彻,显著降低工程风险概率。以及通过费率杠杆等工具调动被保险人实施风险预防措施的积极性[2],例如好事达保险公司(Allstate Insurance Co.)在 2014 年就推出了名为 Drivewise 的 APP,可通过智能手机或其传感设备来评测司机的驾驶行为,并将结果用于判断车主是否有资格享受保险折扣,从而激励车主采取更规范和安全的驾驶行为来争取更高的保费折扣。换言之,不确定性管理不仅包括风险的分散,更包括风险的降低。其二是基于经济社会发展,保险充分发挥资金融通功能,通过出售保险产品链接产品与服务需求方,通过资金投资链接供给方,实现供给与需求的对接,进而降低市场供给与需求的不确定性,降低市场风险。例如英国保柏集团直接投资经营养老院、医院等机构,日本生命人寿相互保险公司、明治安田生命保险公司投资建立收费养老机构等,保险通过资金投资链接养老、医疗产业的供给方和需求方,一方面为被保险人提供养老、医疗等服务,另一方面使这些产业拥

---

[1] 以国际工程保险为例,保险人往往会派遣由专业工程师组成的团队为承保工程提出施工建议,最大程度降低施工风险,还会提供工程完工保证险等一系列保障。

[2] 例如通过费率差异化调动企业防灾防损积极性,通过驾驶行为和违规记录监控激励驾驶人主动遵守交通法规、提高谨慎驾驶水平等。

有稳定的客户源,降低其市场风险。

我们可以预料得到,随着可保风险范围不断扩展,保险价值创造边界不断扩大,保险通过越来越丰富的产品对经济生活各个领域出现的不确定性进行广泛管理,奠定了全面制度供给的基础。

3. 保险的作用

保险的作用是指保险在实现其功能的过程中所产生的社会效应。在微观经济中,主要表现为降低被保险人风险、帮助被保险人及时恢复生产、安定人们生活、促进企业加强经济核算、推动防灾防损工作、支持民事赔偿责任的履行等方面。在宏观经济中主要表现为降低全社会的风险、保障社会再生产正常进行、推动商品的流通和消费、推动科学技术向现实生产力转化、促进财政和信贷收支平衡的顺利实现、有助于增加外汇收入和增强国际支付能力、动员国际范围内保险基金、支持完善和实现国家社会管理职能等方面。

二、保险机制服务国家治理现代化的机理

国家治理现代化以降低经济社会运行成本为主要目标,对制度体系的需求可以归纳为稳定性、全面性和有效性三方面[1]。保险

---

[1] 三中全会决定提出,"到二〇二〇年,在重要领域和关键环节改革上取得决定性成果,完成本决定提出的改革任务,形成系统完备、科学规范、运行有效的制度体系",习近平指出,"国家治理体系是在党领导下管理国家的制度体系,包括经济、政治、文化、社会、生态文明和党的建设等各领域体制机制、法律法规安排,也就是一整套紧密相连、相互协调的国家制度",并指出,"今天,摆在我们面前的一项重大历史任务,就是推动中国特色社会主义制度更加成熟更加定型,为党和国家事业发展、为人民幸福安康、为社会和谐稳定、为国家长治久安提供一整套更完备、更稳定、更管用的制度体系",综合以上论述,可以将国家治理现代化对制度体系的要求归纳为全面性、稳定性和有效性三大方面。

作为管理不确定性的一种制度安排,高度契合这一制度需求,从而在服务国家治理现代化方面发挥重要作用。

1. 保险通过管理不确定性降低经济社会运行成本,增强经济社会的稳定性,契合稳定性需求

国家治理体系对制度的稳定性需求表现为制度能够有效降低某一领域的不确定性,从而保障经济社会稳定运行,降低经济社会运行成本,支持国家治理现代化目标的实现。保险作为管理不确定性的制度安排,能够降低经济社会运行成本,契合国家治理现代化对制度的稳定性需求。

首先,保险集合众多具有同类风险的主体来进行风险的汇聚和分散,将各主体面临的不确定的风险损失成本转变为固定的保险费支出,在微观层面使经济主体的效用得到提升[①]。保险公司通过承保众多同类风险主体以及在运用风险管理中积累的专业技术,将单个主体看起来是随机的、不可确定的风险损失汇集为多数主体中可预测、可确定的风险概率,使经济主体的风险抵御能力与风险状况相匹配,在宏观层面为经济社会构筑起风险识别和风险管理的安全网,熨平了意外风险损失对经济社会带来的扰动影响,从而提升了经济社会的稳定性,降低了经济社会的运行成本。

其次,保险作为一种内生于市场经济的精巧制度安排,以契约为主要载体,使经济主体能够实现自我保障,在风险发生时对外在经济救助的依赖程度明显降低,从而降低了财政支出、社会救助等为了补偿损失、维持再生产而需要支付的外部成本,进而降低了经

[①] 从经济学视角来看,大多数人都是风险规避者,他们面临着边际效用递减的收入函数,保险能够让风险规避者通过放弃确定收入量(体现为保险费),来使不确定性转嫁到保险公司,使得被保险人的效用得到提升。

济社会运行成本,提高经济社会运行的稳定性。

第三,保险在长期经营中积累了丰富的风险预防技术,掌握了多种风险的发生原因、概率等信息,通过风险减量管理减少被保险人风险的损失发生率和严重程度,进而减少了整个社会的风险损失。同时保险通过费率机制实现经济主体的外部成本内部化,使被保险人面临的成本曲线与社会整体风险曲线相一致,促使其主动改善自身风险状况,降低经济社会需要承担的外部成本,使整个社会在风险损失方面的成本最小化。

第四,保险以资金融通为手段,链接市场供给与需求方,保险充分发挥资金融通功能,通过出售保险产品链接产品与服务需求方,通过资金投资链接供给方,实现供给与需求的对接,降低因供给和需求不匹配而产生的市场风险,提高社会资源使用效率,降低社会运行成本。

第五,保险在发展过程中已经不局限于将风险在被保险人之间分散,而开始通过与政府或其他机构的联合,广泛链接经济社会其他子系统,实现了风险在整个社会层面的分散,以及在经济社会各个子系统之间的对冲,从而更好地实现对风险特别是巨灾风险的管理。保险的这一效应在经历第二次保险危机后所建立的"综合保险"①中得到了充分体现。

2. 保险通过在经济社会各个领域进行不确定性管理,具有全

---

① "综合保险"(Cooperative Insurance)是在面临现代技术带来的动态风险和巨灾风险导致的第二次保险危机时,保险业开始与其他部门协作,动员全社会共同参与保险,从而建立新的保险形态,从"一个简单的方式变成为一套方式的制度,用以扩大充实保险的机能"。通过综合保险制度,保险将风险向整个社会分散,有效解决了动态风险、巨灾风险引发的保险供给不足的问题。参见段开龄:《风险及保险理论之研讨——向传统的智慧挑战》,南开大学出版社1996年版,第23—25页。

面制度供给能力,契合全面性需求

国家治理现代化需要将经济社会几乎所有的生产生活活动纳入到规范的制度框架,因此需要能够覆盖整个社会运行的系统全面的制度供给。保险的管理对象是风险,由于风险在经济社会各行各业都客观存在且不断发展,使得保险已经逐渐发展到能为经济社会各个领域的生产生活活动的各个环节提供不确定性管理服务,拥有极为广泛的服务对象,从而形成了对经济社会的全面制度供给。而且由于保险能够实现非经济现象的经济化,使其覆盖范围扩大到非经济领域,增强了其制度供给的全面性。同时,保险汇集了众多属于不同行业但都面临同类风险的经济主体,并与被保险人之外的多种产业开展合作,从而能够以风险管理为纽带联结社会各个领域,促进经济社会各领域的协调合作。例如保险业在承保火灾风险时会与消防等领域协调合作,在承保疾病风险时会与健康、医疗等领域协调合作等。保险在这一过程中也促进了国家治理体系各项制度间的合作,有助于推动政府、市场和社会治理间的协调,从而有效降低社会运行成本。因此,保险契合国家治理现代化对制度全面性的需求。

3. 保险以经济补偿为手段保障制度有效执行,并通过非经济现象经济化提升制度供给效率,契合有效性需求

国家治理现代化要求制度能够得到有效执行,保险能够通过经济补偿来保障制度执行效力,并通过非经济现象经济化提升制度供给效率。

一方面,保险以经济补偿为手段保障制度有效执行,使国家治理体系的制度效力得到充分发挥。制度的执行需要相应的运行成本,特别是在面临重大灾害或事故的时候,往往需要巨大的经济支出来保障制度的有效运行,这会给治理主体带来巨大压力,甚至直接影响到制度执行效果。保险能够以较低成本实现强大的经济补偿能力。例如在农业保障制度中,财政通过少量的保险费支出,就能够从保险业获得较为充足的经济补偿水平,避免了为防范灾害风险不得不积攒巨额基金的运行成本,从而提升制度执行效率。同时,保障制度有效执行的重要措施是对违反制度的行为主体进行处分,以及对受害人进行补偿。经济赔偿是惩处制度违反者和补偿受害人的主要方式,而在现实社会中经常会存在事后责任人消失或赔偿能力不足的情况,从而直接影响到制度的有效执行。保险机制可以使责任人通过缴纳少量保费来换取充足的赔偿能力,使制度效力能够快速、充分地实现。保险机制的这一效应在侵权责任领域得到了充分体现,保险通过增强侵权责任人的赔偿能力,使得侵权责任法得到快速而有效的实施,节约了大量诉讼成本。保险领域的扩展也扩大了制度覆盖领域,为侵权责任法律制度向更科学的方向演变奠定了基础①。

另一方面,保险制度安排将非经济现象经济化,提升制度供给的范围和效率。保险依据风险技术和大数法则,能够将被保险人所面临的,诸如环境污染、法律责任等难以量化的非经济现象经济化,使其表现为一定数额的货币形式,纳入被保险人的成本之中,保险的这一功能一方面将非经济现象纳入经济制度管理范围之内,扩大了制度供给范围,另一方面使大量难以量化的非经济现象能够以数字方式计量,提升了制度执行的精确性,进而提升了制度

---

① 例如在部分领域引入严格责任制度,将赔责任赋予预防效率更高的主体,从而节约了整个社会预防风险的成本。参见〔美〕罗伯特·考特、托马斯·尤伦:《法和经济学》,上海财经大学出版社 2003 年版,第 307 页。

效力。同时,保险将一些难以计量的外部成本转化为相对固定的内部成本,强化了外部成本内部化的功能,促使经济主体采取对社会更为有利的行为水平,从而提升社会整体效用。由于众多难以预测的非经济现象被保险机制经济化,也使更多复杂交易的实现成为可能,进而促进经济发展,增加社会财富。

三、保险机制服务国家治理现代化的经济学解释

1. 国家治理现代化需要以更有效率的制度对旧有制度进行替换和补充

国家治理体系由一系列制度规则所构成,人类社会对确定性的需求决定了制度的诞生和变迁。诺斯指出制度在一个社会中的主要作用就是"通过建立一个人们相互作用的稳定的结构来减少不确定性"[1]。制度经济学指出制度因素是经济发展的关键,制度的缺失或者制度效率的低下导致了高昂的交易成本[2]。当人们发现更好的有效率的制度取代现存的制度,就会出现制度变迁的可能,而制度的"更有效率"主要是指制度使交易成本更低[3]。

---

[1] 〔美〕道格拉斯·诺斯:《制度、制度变迁与经济绩效》,上海三联书店1994年版,第7页。

[2] 诺斯指出"制度加上所利用的技术,决定了交易和转化成本,因而决定了人们从事经济活动的获利性和可行性。……经济的历史绩效主要是一个制度演进的渐进过程。"参见〔美〕道格拉斯·诺斯:《制度、制度变迁与经济绩效》,上海三联书店1994年版,第158页。

[3] 肯尼斯·阿罗将交易成本定义为经济制度的运行费用,张五常则认为交易成本实际上就是所谓的"制度成本"。制度经济学认为在生产成本和组织知识给定时,最求自我福利的个人必然会选择交成本最小化的制度。参见卢现祥、朱巧玲:《新制度经济学》,北京大学出版社2012年版,第84—85页。

国家治理体系通过制度供给来减少经济社会的不确定性,降低总量交易成本①。然而随着经济社会的发展,分工越来越细、经济发展水平持续提高、产业结构发生转换等因素使交易的层次越来越多,推动交易成本不断增长并产生新的交易成本。原有的制度逐渐难以满足有效降低交易成本的需求,同时新的交易成本也催生了新的制度需求。制度经济学指出制度安排的缺乏会导致高昂的交易成本,进而对国家治理效能产生严重影响②。因此,国家治理现代化需要用更有效率的制度来取代旧制度,以及建立新的制度来降低交易成本,否则国家治理就难以满足经济社会的需求。

2. 保险作为一种管理不确定性的制度安排,能够为国家治理现代化实施制度替换和补充,支持实现降低经济社会运行成本的目标

(1) 保险通过对旧有制度的替换,降低经济社会运行成本,提升治理效能

经过漫长的发展与演进,保险已经成为被人们广泛接受的一

---

① 制度经济学指出国家的目标是界定形成产权结构的竞争与合作的基本规则,以及降低交易成本以便全社会总产出最大化。参见卢现祥、朱巧玲:《新制度经济学》,北京大学出版社 2012 年版,第 292 页。

② 诺斯指出:"第三世界国家之所以贫困,是因为他们的制度制约对其政治经济活动所确立的一系列补偿规则没有促进生产性活动。"参见道格拉斯·诺斯:《制度、制度变迁与经济绩效》,上海三联书店 1994 年版,第 148 页。肯尼斯·阿罗指出如果经济运行费用是高昂的,那么整个经济体系就不可能获得良好的经济绩效,这里的费用高昂是指发展中国家由于制度的缺失导致的每笔交易的费用高昂。乔治·阿克劳夫把制度安排的缺乏看作经济发展的主要约束。制度经济学还明确指出每一笔交易需要较少费用的国家是高收入国家,而每一笔交易需要非常高费用的国家是低收入国家。参见卢现祥、朱巧玲:《新制度经济学》,北京大学出版社 2012 年版,第 102—103 页。

种管理不确定性的制度安排,为经济社会各领域提供广泛的风险管理服务,并且积累了深厚的风险管理经验与技术,能够比其他制度更有效率地管理风险。同时,保险作为一种内生于市场经济的制度安排,能够使经济社会通过市场机制来实现较高程度的自我保障,有效节约外部管理成本,而且通过保险机制来化解矛盾纠纷,能够提升经济社会的自我协调能力,减少不必要的摩擦,减轻其他治理机制的压力,在整个社会层面节约运行成本。例如在保险保障下,由保险公司负责事故起因、核定损失并实施经济补偿,当事人甚至无需直接接触便可化解矛盾。

同时,保险以契约为主要载体来降低不确定性,通过对非契约制度进行替换,能够充分发挥契约功能,降低经济社会运行成本。制度经济学指出契约能够协调人类社会中的各种关系、维护社会正常的生产和生活秩序、保持社会永续发展。现代制度注重契约属性,强调通过当事人合意来协调其行为水平[1],保险以契约作为主要载体,注重契约当事人对契约条款的认同和诚实信用的精神,契合国家治理现代化对制度契约性的需求。同时,保险业在数百年发展过程中,已经在保险契约的设计、订立、履行上积累了丰富经验和先进技术,能够有效降低契约在设计、订立、履行等方面的成本,从而降低制度的运行成本。

因此,相对于其他制度特别是非经济制度而言,保险能够更有效地管理风险,增强经济社会的自我保障能力,减少对外部治理的

---

[1] 19世纪英国法学家甚至将人类历史的发展概括为:所有进步社会的运动是一个"从身份到契约"的运动。身份社会与自然经济相联系,而契约社会与商品经济相联系。契约社会主要依靠每个当事人自身的努力,通过自由竞争来获得权利,它能激发和维持人们的主动性、积极性和创造性。因此,契约属性已经成为商品经济高度发达的现代社会中制度的重要属性。

依赖,减轻治理压力。通过保险对国家治理体系中旧有制度的替换,能够有效减少经济社会运行成本,提升治理效能。

（2）保险通过对制度缺失进行补充,支持国家治理现代化的全面制度供给

制度产生的原因是为了降低不确定性,国家治理现代化的关键是通过全面现代制度供给来降低不确定性,进而降低经济社会运行成本。推进国家治理现代化要求对空缺领域进行制度填充,保险具有全面制度供给能力,能够对经济社会各个领域的不确定性进行有效管理。如前文所述,保险机制的引入能够实现非经济现象经济化,覆盖范围已经扩大到非经济领域,并通过对非经济现象的计量支持制度的精确执行。同时保险还能够通过外部成本内部化来明确外部成本的产权归属,支持产权明确,进而促使被保险人采取对经济社会而言更优的行为水平,降低经济社会运行成本,是填充空缺领域的有效制度供给。

因此,保险机制的引入能够使国家治理体系在很多领域无需再设计新制度来降低不确定性,避免过多的外部管理和调控,减少制度设计和磨合的成本,特别是能有效减少对市场经济的外部干预,从而以较低的成本投入实现制度的润滑和衔接。

第二节　保险机制服务国家治理现代化的比较优势

通过上文对保险机制服务国家治理现代化的机理分析,我们认为保险机制在服务国家治理现代化方面具有比较优势,并将其概括为不确定性管理、全面制度供给和培育治理文化三大领域。

一、不确定性管理

1. 国家治理现代化需要更有效的制度安排管理不确定性

前文已述,国家治理体系是由一系列制度所组成,而制度存在的主要目的就是降低不确定性。国家治理在经济社会各个领域提供相应制度,降低整个社会运行的不确定性。国家治理现代化的目标就是更好地进行不确定性管理,进一步降低经济社会运行成本,这就需要将效率更高的制度纳入国家治理体系中。

2. 保险业在不确定性管理方面相较于其他行业具有比较优势

基于人类规避风险需求而诞生,并作为不确定性管理的一项制度安排而不断成长的保险业,与其他行业相比在不确定性管理方面具有比较优势。

一是在不确定性管理的程度具有比较优势。虽然其他行业也在开展对经济社会特定领域不确定性的管理,例如装修业能够降低房屋建筑在建筑质量、水电安全等方面的不确定性,但是和保险业相比,其他行业一般只能将经济主体面临的不确定性进行有限程度的降低,无法实现将所面临的不确定性进行汇集或转嫁,更难以将不确定性的损失完全替换为确定性成本。

二是在不确定性管理的范围具有比较优势。其他行业一般只针对特定领域的不确定性,例如保安行业主要针对盗抢风险等,它们难以对经济主体的所有主要风险进行全面覆盖,自然也就难以满足经济主体对不确定性管理的多元化需求。

三是在不确定管理性的水平上具有比较优势。在对经济主体各个领域不确定性都进行有效管理方面,其他行业都难以达到保险业的能力水平,这是因为保险业作为一项管理不确定性的制度安排发展至今,已经在经济社会的各类风险领域都积累了丰富的经验,能够有效降低和转嫁经济主体面临的风险。

因此,保险业无论是在不确定性管理的程度、范围还是水平上,都比其他行业更具有比较优势,保险业作为管理不确定性的制度安排,其价值创造边界的扩大和保险需求收入弹性系数大于1的实证研究结果①,都在客观上证明了保险在管理不确定性方面的比较优势。

二、全面制度供给

1. 国家治理需要全面制度供给来管理经济社会各领域的不确定性

国家治理涉及经济社会各个方面,需要为各领域生产生活活动的各个环节提供制度供给,从而形成对经济社会的全面制度供给。由于不确定性广泛存在于社会各领域,因此,国家治理所需要的对不确定性管理的制度安排,不仅需要针对某个领域或者某一活动环节的制度,还需要能够覆盖整个社会运行的系统全面的制度供给,从而能够对诸多空缺领域进行制度填充,有效降低经济社会运行的不确定性。因此,如果某一制度安排能够广泛覆盖经济社会各主要领域并提供相应制度来有效降低不确定性,即拥有全面制度供给能力,那么它将成为服务国家治理现代化的重要

---

① 保险需求收入弹性系数为:保费收入增速与国内生产总值增速之比。林宝清(1993)通过实证分析证明了保险需求的收入弹性系数大于1。

工具。

2. 保险业在全面制度供给方面相较于其他行业具有比较优势

与其他行业相比,保险业具有全面制度供给的比较优势,一方面,保险业的管理对象是不确定性,不确定性广泛存在于经济社会运行的各个环节,这使得经历了漫长发展的保险业拥有极为广泛的服务对象,而且保险业在自身运营过程中还会和其他行业(如医疗健康、消防等行业)达成协调合作,进一步提高了对经济社会的渗透程度。另一方面,作为管理不确定性的一项制度安排,保险通过以确定性替代不确定性保障生产活动的连续性,其专业能力高度契合以制度安排降低不确定性的基本属性,同时保险能够将非经济现象经济化,使其覆盖范围能够扩展到非经济领域,通过经济机制来处理社会问题,进一步增强其制度供给的全面性。因此,保险在全面制度供给方面相较于其他行业具有比较优势。

三、培育现代治理文化

1. 国家治理现代化需要现代治理文化提供指引

文化是国家治理体系的重要组成部分,具有价值牵引和人文塑造的功能,是国家软治理的基础。国家的治理既有赖于制度的健全与完善,也有赖于文化的塑造①。文化深入渗透于人们的思想、观念、习俗之中,深深地影响着人们的思想行为和人们之间的相互关系,在全社会凝聚核心共识。无论是社会动员和整合,还是

---

① 付春:"软治理:国家治理中的文化功能",《中国行政管理》2009 年第 3 期。

制度运行和效能发挥,都离不开文化的重要作用。因此国家治理体系的建立、运行和发展需要相应的文化基础,即治理文化。治理文化是整个社会在国家治理领域所形成的价值体系,它为国家治理体系提供指引,起到导向作用。

　　基于文化的重要导向作用,国家治理现代化需要相应现代治理文化来进行"定向导航",并推动社会大众形成对现代化国家治理体系的共识。因此,国家治理现代化的特征决定了它所需要的现代治理文化的特征。国家治理现代化强调制度的法治和契约属性,要求政府、市场和社会治理间达成协调合作和良好互动,将政府原来独自承担的部分责任转移给市场和社会,以降低经济社会运行成本。国家治理现代化的这些特征要求现代治理文化具有法治契约、协调合作、责任担当等文化理念,通过法治契约文化来支持现代化国家治理体系各项制度的稳定和有效运行,通过推崇协调合作来使社会大众认同三元治理体系,推动制度体系协调配合效果的充分实现,通过强调组织与个人的责任担当使部分政府责任得到有效转移,优化政府、市场、社会的治理边界。这些文化理念进而又衍生出相应的价值取向,如法治文化衍生出公平、正义、民主等价值取向,契约文化衍生出自由、平等、诚信等价值取向,协调合作文化衍生出互助、友善、和谐等价值取向,责任担当文化衍生出爱国、敬业、自我保障等价值取向。这些价值取向在我国集中体现为社会主义核心价值观[①]。

　　[①] 社会主义核心价值观的基本内容包括 12 个词,中共中央办公厅《关于培育和践行社会主义核心价值观的意见》指出,"富强、民主、文明、和谐"是国家层面的价值目标,"自由、平等、公正、法治"是社会层面的价值取向,"爱国、敬业、诚信、友善"是公民个人层面的价值准则。我们认为社会主义核心价值观涵盖了现代治理文化的价值体系。

2. 保险精神①与现代治理文化具有高度的内在一致性，决定了保险在现代治理文化培育方面的比较优势

保险在初创阶段就注重"我为人人，人人为我"的互助共济理念，渗透着兼爱互助的人本主义思想。保险以契约为主要载体，在漫长的发展过程中始终贯彻契约精神，强调公平合理原则，重视契约权利义务的对等以及契约双方对契约条款的共识和履行。契约要求当事人做到诚信守约，作为管理风险的制度安排，保险人对保险标的的信息掌握在很大程度上依赖于被保险人提供的资料，因此保险业比其他行业更重视诚实信用，并将最大诚信原则作为保险的基本原则之一②。保险在对经济社会不断渗透的同时，在客观上推动个人和组织将保险作为风险管理的主要手段，逐渐形成了强调自我保障和自我管理的价值理念。基于以上分析，可以将保险精神概括为互助共济、尊重契约、诚实信用、自我保障四大方面，这四大方面也决定了保险精神与现代治理文化具有高度的内在一致性。

一是保险"我为人人，人人为我"的互助共济精神背后蕴含着团结互助、和谐友爱的价值理念，保险通过风险管理将经济社会各领域联结为一个整体，共同应对风险损失，普及"一方有

---

① 卓志（2012）指出，保险文化的存在表现包括保险有形文化、保险制度文化、保险精神或理念文化三大层次，其中保险精神是文化架构至高的层次，它决定了价值取向，是指导和统领保险业发展的精神核心和价值取向。参见卓志："中国保险文化自觉的培育与生成"，《保险研究》2012年第10期，第4—5页。

② 英国《1906年海上保险法》首次将最大诚信原则以立法的形式加以确定，该法第17条规定："海上保险契约是建立在最大信守诚实的基础上成立的契约，如果任何一方不遵守最大信守诚实，他方得宣告契约无效"。后来，该原则从海上保险扩展到所有保险。我国《保险法》第五条规定："保险活动当事人行使权利、履行义务应当遵循诚实信用原则。"

难、八方支援"的互助精神,促进社会和谐发展。同时,保险通过风险管理联结各行各业,促进经济社会协调合作,进而推动国家治理体系各项制度协调配合,有效降低经济社会运行成本,契合协调合作文化理念。二是保险注重契约双方对契约条款的充分认同以及权利义务对等,体现出公平合理的基本原则,并且在订立契约时强调对法律规范的严格遵守和利用法律手段来解决纠纷,从而推动公众普遍形成法治与契约精神,进而推动公众认同与遵守现代化治理体系中具有鲜明法治与契约属性的各项制度,契合法治契约文化理念。三是保险的诚实信用原则推动公众在经济社会各领域活动中信守承诺、尽职履责,主动遵守制度规范,善意、全面地履行自己的义务,促进社会的诚信、友善、规范,支持形成不想失信、不能失信、不敢失信的社会环境和制度环境,为契约精神、协调合作、责任担当的文化理念提供支持。四是保险培育公众自我保障、自我管理的价值理念,引导公众通过保险机制来实现自我管理,从而减少对外在治理机制的过分依赖,强化对自身责任的担当,例如在精准扶贫中,保险通过契约为产业发展和贫困人群生活搭建保障网,变单纯救济为经济补偿,削弱及消除贫困人群对救济的依赖心理,培育其自我发展能力。同时保险机制的引入改变了以往政府大包大揽的治理模式,引入多元主体提供公共服务,从而建立社会公众对多元化现代治理体系的认同感,进而支持政府、市场、社会治理边界的优化,实现协调合作、良好互动,契合责任担当与协调合作文化理念。

综上所述,保险精神与现代治理文化高度的内在一致性决定了保险在培育现代治理文化方面具有比较优势。

第三节 保险机制服务国家治理现代化的实证分析——基于保险发展与国家治理体系演进的历史考察视角

保险发展历史与国家治理体系的演进具有内在互动关系,这一内在互动关系可以归纳为:国家治理体系在经济社会发展需求的驱动下不断演进发展,同时对保险也提出了新的需求,促使保险在新的需求下实现新的发展,而保险新的发展为国家治理提供了新的制度供给,又反过来推动了国家治理体系新的演进发展。

一、保险发展与国家治理体系演进历史

1. 保险的历史演进

保险的历史演进是一个持续的过程,历史上发生的多次重大事件使保险发展出现了具有不同特征的阶段,保险的主要历史发展阶段可概括如下表[①]:

表2—1:保险的主要历史发展阶段

阶段	保险时代	年代	技术和生产力	经济形式	保障形式
第一阶段	古代保险	17世纪末以前	单协作、手工工具	自然经济	原始形态的国家保障、原始形态的互助保障、萌芽形式的商业保险并存

[①] 刘茂山:"保险发展研究",《保险研究》2000年第11期,第9页。

（续表）

第二阶段	近代保险	17世纪末至19世纪中后期	手工业、社会分工、工场手工业	以商品经济为主，商品经济与自然经济并存	国家保障、互相合作保障、家庭保障、商业保险并存，商业保险为主要形式
第三阶段	现代保险	19世纪后期至20世纪60年代	机器大工业	工业经济为主的发达的商品经济	国家保障、互助合作保障、单位自保、家庭保障、商业保险、社会保险并存，商业保险与社会保障为主要形式
第四阶段	当代保险	20世纪60年代以后	高新科技、世界经济一体化趋势	科学技术突飞猛进，开始进入知识经济时代①，高度发达的世界市场经济	国家保障、互助合作保障、单位自保、家庭自保、商业保险、社会保险诸种形式，形成经济社会风险保障系统工程体系，以商业保险和社会保险为主要组成部分

在自然经济时期，原始形态的国家保障和互助保障在人类风险管理领域占据重要地位，商业保险还处于萌芽时期。随着商品经济的产生和发展，商业保险开始得到发展，逐渐应用风险技术，现代意义上的保险产品相继出现，保险业开始建立现代企业制度，并逐渐成为人类管理风险的主要方式。

之后机器大生产确立了市场经济的地位，也催生了大量新的

---

① 1996年，世界经合组织发表了题为《以知识为基础的经济》的报告。该报告将知识经济定义为建立在知识的生产、分配和使用（消费）之上的经济。其中所述的知识，包括人类迄今为止所创造的一切知识，最重要的部分是科学技术、管理及行为科学知识。

风险,使经济社会对保险的需求显著增加,各个领域的保险都得到了迅速的发展,如人寿保险、意外健康保险、货物运输保险、机动车辆保险、家庭财产保险、企业财产保险、工程保险、责任保险甚至信用保证保险等,并得到经济社会的认可。在商业保险继续发展的同时,社会保险也基于经济社会的迫切需求而诞生,并成为经济社会风险保障的重要形式。

随着新技术革命推动科学技术飞速发展,在人类活动领域得到极大扩展的同时,大量新风险也随之涌现,保险在新的风险保障需求推动下,逐渐成为经济社会进行风险保障的系统工程体系,商业保险、社会保险、国家保障、互助合作保障等方式并存,其中商业保险和社会保险继续作为人类进行风险管理的主要形式。

从保险的历史演进过程可以看出,随着人类社会的重大变革,保险自身也在发生相应的变革。贯穿于保险历次变革的根本原因是经济社会风险保障需求的变化。人类社会的每一次重大变革都会产生新的保险需求,如果这些保险需求不能得到满足,就会引发重大的社会问题,从而驱使保险进行变革。在经历多次变革之后,保险不仅覆盖范围越来越广,社会效应也越来越突出,保险已经成为人类社会不可或缺的一项制度供给,并且被作为一项政策工具广泛应用到国家治理中。

2. 国家治理体系的演进历程

纵观近现代史,西方主要发达国家在国家治理的发展过程中大致经历了两次重大的历史转型和治理危机。其一是由工业革命带来工业化转型和发达的市场经济,其二是新技术革命带来的技术革新和飞跃。这两次转型也推动国家治理体系出现了较为显著的改变。

第一次历史转型以前两次工业革命为标志,第一次工业革命从18世纪中叶在欧洲开始蓬勃展开,在19世纪传播到北美地区,在社会生产方面主要表现为机器大生产取代了手工制作,在19世纪下半叶到20世纪初又出现了第二次工业革命,这次工业革命以美国为代表,并使美国经历了急剧工业化的"进步时代"。在这次较为漫长的历史转型中,整个世界逐渐被纳入到市场经济的体系中去,企业开始成为人类社会的重要组织形式,市场在国家治理中发挥的作用越来越突出,国家治理开始从政府的一元治理迈向政府与市场的二元治理阶段。

第二次历史转型以新技术革命为标志,新技术革命使科学技术进入高速化发展阶段,新发现和新发明的数量出现了前所未有的快速增长,新发明转化为生产力的周期也大幅缩短。在新技术尤其是信息技术的引领下,人类社会进入了新的发展阶段,并产生了新的治理危机。在经济社会高速发展下,政府和市场都已经难以解决不断涌现的新的社会问题。同时由于在市场经济和社会化大生产已经高度发达的背景下,几乎所有的个体都必然地存在于一定的社会自治组织中,国家治理的主要对象也从单个公民逐渐转变为一个个法人或非法人组织,国家治理越来越需要社会自治组织的协调与合作,这促使社会开始承担更多的自我治理任务。有学者将这次转型后的发展阶段命名为"后工业社会[①]",这次转型推动国家治理体系从二元治理向三元治理转变,并逐渐迈向国家治理现代化。

[①] 美国社会学家丹尼尔·贝尔提出了著名的"后工业社会"概念,主要指20世纪80年代电子信息技术广泛应用之后的社会阶段。

二、保险发展与国家治理体系演进具有紧密的互动关系,体现出保险机制在国家治理中的重要地位

通过历史考察对比,本文认为保险与国家治理体系在演进中存在着紧密的互动关系。这种互动关系在二者的转型过程中得到了充分体现。

1. 政府一元治理及之前的阶段:保险已经开始发挥风险管理功能,但还未形成成熟规范的市场化制度

在政府一元治理及之前的时期内,商品经济还处于不发达阶段,社会化大生产还未出现,虽然人类在生产生活中已经产生了或多或少的风险规避需求,并促成了原始保险组织和保险制度的诞生,但由于市场经济还未兴起,在宏观环境的限制下,保险还未形成成熟规范的市场化制度。

2. 国家治理迈向二元治理时期:保险业迅速发展以满足经济社会新的风险保障需求,政府开始引入保险机制支持国家治理

机器大生产带来了商品经济的发达和社会化大生产的兴起,市场在国家治理中的作用越来越突出,国家治理开始迈向二元治理阶段,保险业也在市场经济的发展中普遍采用现代企业制度形式,保险制度走向市场化,同时保险产品种类迅速增加以满足经济社会对各种风险的保障需求,人身保险、财产损失保险、责任保险、信用保证保险逐渐走向成熟规范,形成了较为完善的产品体系。保险业代表了对风险保障需求的市场化解决方式,并为经济社会发展提供越来越丰富的不确定性管理服务,保障经济社会的稳定运行,进而保障国家治理体系转型的顺利进行。

随着社会化大生产成为人类生产的主要模式,商业保险渐渐难以应对社会化大生产所引发的大量新的风险,特别是工人阶层开始面临意外事故、身体健康等大量新增风险,其庞大的风险保障需求难以在市场上得到满足,引发了严重的社会问题,从而对国家治理提出了新的要求。由于政府原有的治理机制无法应对新的风险,在治理需求的推动下,政府开始引入保险机制,建立社会保险制度[①],推动社会保险和商业保险共同满足民众的风险保障需求,有学者将这一演变称为保险业的第一次大变局[②]。国家治理水平也随着保险机制的引入而得到了提升。

3. 国家治理迈向三元治理时期:保险开始将风险向全社会分散,并通过责任保险等产品充分发挥社会管理功能

随着新技术革命的兴起,国家治理迈向了政府、市场、社会三元治理阶段。在技术进步的影响下,风险损失也发生了变化,损失形式向自然损失、经济损失、社会损失并存的"混合损失"转变,损失性质也从静态损失向动态损失转变,而且在城市化的背景下,动态损失通常表现为一种巨灾损失。面对新的风险损失,保险业开始出现供给不足的情况,而单靠政府治理也难以解决这一问题。随着社会在国家治理体系中的地位越来越重要,保险业意识到需要动员全社会的力量来应对新的风险,保险公司开始与其他部门开展合作,实施"综合保险",将这

[①] 有学者指出,社会保险是商业保险机制的移植,是移植现代保险制度的形式、运用政府的力量和资金,为贫弱者甚至全部社会劳动者提供风险保障的制度。参见孙祁祥、郑伟:《保险制度与市场经济——历史、理论与实证考察》,经济科学出版社2009年版,第21页。

[②] 段开龄:《风险及保险理论之探讨——向传统的智慧挑战》,南开大学出版社1996年版,第15页。

些巨大的动态风险从被保险人与保险人之间的分散扩展到向整个社会分散,实现了社会各方面对风险管理的参与。这种新的风险管理方式又反过来推动了社会自治的发展,社会组织广泛通过购买保险来降低自身运行的不确定性,支持社会自治的有效实施。

除了通过"综合保险"来为国家治理提供范围更广、更有效率的风险保障服务之外,保险为这次国家治理转型提供制度供给的另一个代表性体现是责任保险对经济社会各领域的全面渗透,保障了法律制度的执行效力。随着科技快速发展,人们的活动领域快速扩展,意外事故发生的数量和频率明显增加,随之产生的侵权纠纷数量和赔偿额度也大量增加,同时许多侵权责任人自身赔偿能力有限,给法律执行和社会稳定造成极大压力。责任保险有效增强了侵权法的补偿功能,在保证受害人获得充足赔偿的同时,也保证了法律的执行力[①]。20世纪70年代后责任保险实现了全面和迅速的发展,这是与科学技术在当时全面渗透社会经济各个领域、引发各类侵权纠纷密切相关的。由于责任保险已经成为受害人获得有效赔偿的最重要防线,西方国家纷纷建立强制责任保险制度以支持国家治理,敦促个人和组织向保险公司购买责任保险来实现自我治理,减轻法律制度和行政制度的压力,这使得责任保险实际上推动了政府、市场、社会三方治理边界的优化,降低了经济社会运行成本。

---

① 西方保险界认为,保险业的发展可以划分为三个大的发展阶段:第一阶段是传统的海上保险和火灾保险(后来扩展到一切财产保险);第二阶段是人寿保险;第三阶段是责任保险(叶慧、丁伟丽,2002)。可见责任保险在保险发展历程中的重要性。

4. 保险发展和国家治理体系演进互动关系证明了保险机制在国家治理中的重要性在逐步提升

在国家治理体系的两次转型中,都产生了大量新的风险,对保险提出了新的需求,而保险在一段时期内未能根据新的风险需求及时进行调整或转型,导致一定程度上保险供给的缺失,进而引发了重大的社会问题,直至保险经过转型之后,满足了经济社会新的风险需求,社会问题才得到解决,这一互动关系充分体现了保险在国家治理方面的重要性。在第一次国家治理转型的过程中,保险业通过自身迅速发展,产品体系不断完善,为经济社会提供越来越丰富的风险保障,同时政府在自身的治理中引入保险机制,以解决新增风险需求带来的重大社会问题,从而证明了保险机制服务国家治理的比较优势和在国家治理中的重要性。在第二次国家治理转型的过程中,保险业将转型带来的大量新风险充分分散到整个社会领域,支持转型的顺利实现,并且通过责任保险等产品保障制度得到有效执行,推动治理边界的优化,为治理体系转型提供重要支持。这不仅证明保险机制开始越来越广泛地被引入国家治理体系,还证明了保险公司已经具备了服务国家治理的能力,并在国家治理体系中发挥着越来越重要的作用。

经过两次国家治理转型,保险已经开始向经济社会各领域全面渗透,自身技术水平也得到了极大的提升。随着国家治理体系向现代化方向演进,对保险的需求也会越来越大,保险机制将被更广泛地引入国家治理体系中,实现对国家治理现代化的全面制度供给,保险公司作为专业的保险经营主体,也将在服务国家治理现代化方面发挥越来越大的作用。

表 2—2：保险（业）发展过程中的重大历史事件列表

14 世纪之前	海上保险雏形	原始的互助共济组织和赈灾救济制度
1347 年	海上保险	第一张船舶保险单开具
1384 年	海上保险	第一张出险承保内容的纯粹保险单，已有明确的保险标的和保险责任
1424 年	海上保险	第一家海上保险公司于 1424 年在热那亚出现
16 世纪初	火灾保险	德国出现了类似火灾保险的互助组织
1536 年	人寿保险	英国人查德·马丁开办了最初的人寿保险业。人寿保险是城市经济发展的产物。原因是工业革命之后，许多农民逐渐涌向城市，城市生活与农村生活有很大的差异
1591 年	火灾保险	德国汉堡为了筹划重建烧毁造酒厂的资金，兴办了世界上最早的火灾保险
1676 年	火灾保险	德国汉堡 46 个相互保险组织合并成立了火灾合作社
17 世纪后半期	火灾保险	1666 年的伦敦大火，促成了英国火灾保险的起步，牙医巴蓬在 1667 年开始办理住宅火险，并设计了差别费率。巴蓬还创办了伦敦有史以来的由保险公司控制的消防队
17 世纪后半期	火灾保险	1683 年，相互火灾保险友爱社成立。1696 年，友好火灾保险公司成立
17 世纪后半期	海上保险	英国劳埃德咖啡馆逐渐演变为承保海上保险的重要场所
1656 年	人寿保险	"联合养老保险法"（简称"佟蒂法"）诞生，并于 1689 年法国财政危机时正式实行。第一次联合养老保险法取得了极大成功，于 1726 年结束
1671 年	人寿保险	荷兰数学家维特运用概率论的原理，依据人的生存或死亡概率计算年金
1693 年	人寿保险	英国天文学家哈雷编制生命表

（续表）

1698年	人寿保险	英国开始了人身保险事业企业化的进程，创办了马莎斯人寿保险公司
1706年	人寿保险	皇家特许成立友爱保险社，最先推出终身人寿保险
1708年	火灾保险	太阳火险公司成立
1720年	海上保险	英国政府特许伦敦保险公司和皇家交易保险公司作为公司法人垄断经营海上保险业务
1725年	火灾保险	本杰明·富兰克林在费城创办美国自己的第一家火灾保险社
1756年	人寿保险	数学家陶德森提出了"均衡保费"思想，为现代人寿保险的产生奠定了科学的理论基础
1762年	人寿保险	英国人辛普森和多德森两人发起组织了"伦敦公平保险公司"，辛普森根据哈雷的生命表，制订出依据死亡率递增的费率表，首次将生命表运用到费率计算上。这标志着现代人寿保险的开始
1774年	人寿保险	英国通过了"人身保险法"，人寿保险走向法制化、规范化
1774年	海上保险	劳合社诞生
1778年	海上保险	1756年至1778年，英国上院首席法官曼斯菲尔德收集了大量的海上保险案例，编制了一部海上保险法案
1807年	人寿保险	英国人在费城设立第一个营业所，开始了美国的人寿保险历史
1809年	人寿保险	宾夕法尼亚人寿保险公司成立
1833年	火灾保险	伦敦各保险公司下属的消防队合并为消防总队
1855年	责任保险	英国铁路乘客保险公司首次向铁路部门提供铁路承运人责任保障，开了责任保险的先河
1866年	火灾保险	保险公司的消防总队归伦敦市政府管辖

（续表）

19世纪后半期	责任保险	1870年,建筑工程公众责任保险问世;1875年,马车第三者责任保险开始出现;1880年,出现雇主责任保险;1885年,世界上第一张职业责任保单——药剂师过失责任保险单由英国北方意外保险公司签发
1871年	海上保险	劳合社成为一个具有法人资格的社团组织,其业务范围也从海上保险扩展到了一切保险业务
1873年	火灾保险	马萨诸塞州成为美国首先使用标准火险单的州,纽约州在1886年也通过了类似的法律
1887年	非水险	劳合社开发了非水险业务
1895年	责任保险	汽车第三者责任险问世
19世纪末	盗窃险	劳合社设计了第一张盗窃险保单
1900年	责任保险	责任保险扩大到产品责任,承保的是酒商因啤酒含砷而引起的民事赔偿责任。进入20世纪后,责任保险险种越来越多,特别是70年代后获得了全面迅速的发展
20世纪初	汽车保险和飞机保险	劳合社设计了第一张汽车保险单和飞机保险单
1906年	海上保险	英国国会通过的《海上保险法》规定了一个标准的保单格式和条款,它又被称为劳合社船舶和货物标准保单,被世界上许多国家公用和沿用。海上保险从此进入法制化、正规化发展
1935年	火灾保险	火险委员会出资兴建的英国火险实验所正式开业,专门从保险角度研究防火科学的特点

第三章 保险型社会以全面保险制度供给推进国家治理现代化

在微观上,保险机制服务国家治理现代化的独特比较优势,即保险的全面制度供给能力与保险管理不确定性能力,决定了在宏观上,保险作为一种重要的非政治机制具有有效推进国家治理现代化的独特能力。保险这一严格基于微观功能基础的宏观治理能力,其现实表现形式即为保险型社会——一种治理方式也是一种新的社会发展形态。本章将紧紧承接第二章,对保险型社会促成国家治理现代化的理论进行分析。

第一节 保险型社会及相关研究综述

一、保险的社会重要性研究

从世界范围看,相对于保险业在世界经济上的巨大规模和巨大影响,保险对社会的宏观影响、深层意义仍未得到学者足够重视。正如德国马堡大学经济社会史教授博夏德(Borscheid)和瑞士再保险公司公司史研究总监奥特尔(Haueter,2012)[①]所指出的,相

[①] Borscheid, Peter and Haueter, Niels Viggl, eds, *World Insurance, The Evolution of a Global Risk Network*, Oxford, preface, 2012.

比于2010年全球总计4.3万亿美元、人均600美元的商业保险保费支出,保险对社会的重要性几乎没有受到学者们关注,只是最近才有一些历史学者开始关注其重要性。

美国佐治亚州立大学风险管理和保险学教授斯凯博(Skipper,2006)①指出,保险应该说是当今绝大部分经济活动中的必须要素,但是保险对经济发展的重要性很大程度上被政策决策者们忽视了。时至今日,联合国也只有在1964年的贸易与发展会议(UNCTAD)上唯一一次对保险重要性正式表态:一个健全的保险和再保险市场是一国经济增长的关键性特征。

美国康涅荻格大学保险法中心主任贝克尔(Baker,2001)②③提出,相对于保险机构对西方经济的重要性,社会科学家们没有给予保险更多的关注令人惊讶。他认为,如果看到20世纪社会政策的广阔影响,人们会倾向于得出这样的看法,即保险是一种"沉睡的巨大力量"。

国际政治经济学(IPE)奠基人斯特兰奇(Strange,1996)④在其代表作中提出,保险公司和风险管理者如何以及为什么能对世界市场经济成效有这么大的影响,以及这种影响对社会群体间、国家经济间、商业企业间的价值分配到底意味着什么,是当代国际政治经济的一个基础性问题⑤。但是一直以来,无论是在经济学领域还是政治学

---

① Skipper, Harold D., Foreign Insurers in Emerging Markets: Issues and Concerns, Center for Risk Management and Insurance, Occasional Paper, 2006:97-2.
② Baker, Tom, Insurance and the Law, 2001, http://ssrn.com/abstract=242026 or http://dx.doi.org/10.2139/ssrn.242026.(论文系为百科全书词条而备。)
③ 贝克尔自2010年起担任宾夕法尼亚大学法律系副主任。
④ Strange, Susan, *The Retreat of the State*, Cambridge:CUP, 1996, pp.120-123.
⑤ 斯特兰奇提到,保险在尝试向政治风险等领域拓展。20世纪30年代西班牙内战时,保险公司已经准备好了为海运承保;20世纪80年代,随着一些外国债务违约的临近,一些保险公司提供了外国债务违约保险。

领域,绝大多数影响广泛的正统社会科学学术期刊,对于保险业(Insurance Business)在现实世界中所起的政治经济影响,几乎没有任何关注。一方面,世界政治学文献中很难找到关于保险重要作用的研究;另一方面,经济学对保险的研究又主要局限于行业的技术问题、专业问题。

中国的保险理论研究虽然具有自身的发展特点,但是总体落后于西方国家;对于保险对社会的深层改变和对社会整体影响的研究更为有限。国内学者对于保险社会重要性的研究多集中于保险功能论的探讨,但是如何从相对微观的功能论上升到宏观的、全面的、深刻的社会影响分析,尚未取得显著进展。在这一背景下,保险型社会理论极少受到国内研究者关注①。

二、保险型社会概念的源起

国外也曾有过研究人员对于保险基于其独特功能,在宏观上能影响社会,并使社会呈现出新形态进行过深入研究。保险型社会理论是其中的重要代表。保险型社会(英语 Insurance Society,法语 société assurantielle)并不是研究者骤然提出的一个概念,而是基于法国哲学家、社会思想家米歇尔·福柯的治理术(Governmentality)理论②——多种治理机构分别运用它们各自的权力或技术参与国家

---

① 国内保险理论研究者并不是没有人提及保险型社会理论的提出者埃瓦尔德,在一些国内保险学教科书中,编者偶尔会在引用埃瓦尔德对风险一词的经典定义时提及其名。在非保险领域,一些治理研究者在引用外文资料时,开始提及埃瓦尔德对风险的研究是风险研究三大流派之一。

② 治理术概念有多种解释和译法,有研究者提出,它是治理机构如何将被治理者塑造成"良好公民"的手段,以及在行使这些手段时所需要动员的一切机构、知识、意识形态的整合。它作为一种权利体系时,可以称之为治理体;当侧重讨论该治理体内的运作时,可以称之为治理术。

治理,取代原先单一的国家权力治理——提出的。如兰格威尔(Lengwiler,2003)指出的,埃瓦尔德的保险型社会理论是众多将福柯的治理术理论应用到保险领域的最突出的例子[1]。由此可以看到,保险型社会概念在根源上与治理具有紧密联系[2]。

1. 埃瓦尔德首次提出保险型社会概念

法国历史学家、哲学家、法国保险业的"人文学者"(House Intellectual)埃瓦尔德(Ewald,Francois 1986)[3][4]提出的"保险型社会"是指一种广义的社会转型。它是西方特别是欧洲国家,在将风险和安全问题提升到公共生活的核心后,社会意识的变化影响社会生产生活方式改变,并进而推动重新调整社会组织构成和目标的广义社会转型[5]。Ewald 认为,随着保险的普及化,保险以经济契约关系重组社会间人与人原本较为孤立的相互关系,因而预示着他所指称的"社会联结本质"发生根本性转变。当"保险型社会"的保障因素几乎无形地、广泛地渗透生产生活时,人们就开始将它

---

[1] Lengwiler, M., Technologies of Trust: Actuarial Theory, Insurance Sciences, and the Establishment of the Welfare State in Germany and Switzerland Around 1900, *Information and Organization*, 2003(13):131-150.

[2] 事实上有大量研究者认同保险是一种治理方式,如福柯(转引自 Behrent,2010)、西蒙(1988)、奈特和 Vurdubakis(1993)、贝克尔(2001)、巴瑞等人(2003)等,其中巴瑞等人(2003)所著的书书名就是"保险作为一种治理",福柯则将保险置于其现代治理(Modern Governance)概念的核心位置。Ewald, F., *L'etat providen*, Paris: Grasset, 1986.

[3] Ewald, F., *L'etat providen*, Paris: Grasset, 1986.

[4] Ewald, F. (1946—)曾任法国哲学家和"思想系统的历史学家"福柯的助手,保险百科全书(*Encyclopédie de l'assurance* [*Encyclopedia of Insurance*])主编人。作为著名法国知识分子,2006 年 1 月被授予法国政府的最高荣誉骑士团勋章。

[5] Horan, C.D., *Actuarial Age: Insurance and the Emergence of Neoliberalism in the Postwar United States*, University of Minnesota, 2011.

视作社会生活的基础①,并最终成为新形态社会中社会正义的一种基石。

在埃瓦尔德提出的"保险型社会"中,事物是从风险概念角度被理解的。"保险型社会"的绝大多数事物以货币衡量价值,并且通过对事件概率计算、对风险种类的细分,使得世界成为数学化和分类化的世界(Typologised)②。

精算方法之所以能提供更有效的规则,部分是由于它们几乎不要求被人们感受和理解——因为精算方式是普遍性的、专业性的。另外,人们过去的组织形式,如家庭、宗教或工会高度依赖于道德良心、忠诚可信,而保险型社会则是以经济制度而非道德规范为基础,相比过去的组织,它更少依赖于忠诚和道德③。

埃瓦尔德传播"保险型社会"概念,是因为他认为"保险构成现代社会的真正核心"。他认为,当保险从一种经济现象延伸为一种社会范畴,当社会契约成为一种类似保险合同的关系,保险处于现代社会的核心,社会就迈进现代社会④。

由于埃瓦尔德在1986年所提出的保险型社会的法语著作(*L'etat providen*)并未被翻译成英语,这可能部分阻碍了全球学者对其理论的进一步研究和探讨,也部分导致了目前保险型社会理论多零散见于其他研究人员引用的现状。我们认为,埃瓦尔德的保

---

① Steinmetz, George, *Regulating the Social:The Welfare State and Local Politics in Imperial Germany*, 1993, p.1.

② Wilhelmsson, Thomas, Contract and Equality. Stockholm Institute for Scandianvian Law, http://www.scandinavianlaw.se/pdf/40-6.pdf.

③ Steele, Jenny, *Risks and Legal Theory*, 2004, p.140.

④ Beck, Ulrich, An Introduction to the Theory of Second Modernity and the Risk Society, Mads P.Sørensen, Allan Christiansen, Routledge, Reprint edition, p.16.

险型社会概念并不成熟完善,也未能对新近的一些社会理论和社会现实做出有效回应。但是他提出的这一理论,包括其背后的理论基础,对于我们深入理解保险对经济社会的深刻含义与重要影响,以及保险与国家治理间的相互关系,提供了一个重要的分析框架。

2. 贝克尔提出保险国家概念

美国康涅狄格大学保险法中心主任贝克尔(2002)[①]提出,当未来的历史学家回顾1890—1990年这一百年间的世界发展和转变时,他们除了会强调内燃机、电话、飞机、核武器、医药以及电脑外,同样还会强调保险。贝克尔(2002)在埃瓦尔德理论的基础上,提出了另一个略有差异的概念"保险国家"。用福柯的术语来表达,"保险国家"就是一种治理术(Governmentality)———一种治理的方式,而不是一套"政府"机构。在"保险国家"这一治理方式下,政府的主要目标是保护公民免受风险的侵害。"保险国家"对于风险的责任由两部分构成,第一个是防止风险的伤害;第二个是当风险的伤害未能得到阻止时,补偿那些遭受伤害的人员。简单地说,就是防止风险与补偿损失。

贝克尔强调,"保险国家"不是一系列紧密联结、从事明确定义行为的机构,而是关于治理目标和责任的一整套行为和理念,是由大量、广泛的机构发展和实践的,其中许多是官方"政府"之外的机构。具体来讲,它包括私人保险团体、社会保险管理部门、健康福利信托、市政公共健康部门、风险管理组织,以及任何其他从事风

---

① Baker, Tom, Liability and Insurance after September 11: Embracing Risk Meets the Precautionary Principle, *The Geneva Papers on Risk and Insurance*, 2002, 27(3): 349-357.

险预防、风险分散和损失补偿的机构。

贝克尔的"保险国家"理论与保险型社会理论具有很大的相似性,且都是源自福柯的治理术理论,但是它又有自身的特点,即更加强调保险的治理含义或治理能力,包括(社会)保险对避免社会剧烈动荡的重要作用。虽然贝克尔的"保险国家"理论在系统性和完善性上同样存在不足,但是它为我们深入分析保险与治理的相互关系提供了重要的理论佐证。

3. 美国保险型社会构建的新近研究

普林斯顿大学历史系讲师霍兰(Horan,2011)[1]是新近对美国保险型社会发展进行深入研究的一位年轻学者。在其博士论文中,霍兰对美国第二次世界大战后的保险型社会建设进行了细致分析和回顾。霍兰(2011)提出,欧洲的保险型社会构建是因为社会保障日益受到人们重视。不同于欧洲,美国保险型社会的构建是因为美国社会强调依靠个人而非依赖政府的社会传统,这是美国保险型社会构建的重要动因。

霍兰详细回顾了美国社会从不接受保险这一与灾难、不幸相联系的事物,排斥将金钱与生命健康画等号,到社会充分接受保险,将购买保险视为个人和社会的一种重要责任,同时精算统计思想深入社会文化与人心的历史过程。在美国保险型社会的构建历史中,保险在人口减贫、疾病防控、郊区购物中心建设、建筑设计范式引领、美国天然气管道建设等众多重大社会事件中发挥了重要作用;同时保险在教育、外交政策、犯罪学

---

[1] Horan, C.D., Actuarial Age: Insurance and the Emergence of Neoliberalism in the Postwar United States, University of Minnesota, 2011.

和医学等领域的重要性不断上升;在文化领域,保险及相关概念甚至成为诗歌、小说、电影的重要主题,催生了大量保险题材的文学艺术作品。

霍兰对第二次世界大战后美国保险型社会理论和实践——特别是实践的全面分析,为我们对保险型社会的研究提供了直接的感官印象和国际经验支撑。它也再一次表明,保险之于社会的重要影响和深刻意义,不应仅仅局限于经济领域。保险理论研究需要结合多学科视角,从多学科角度提升对保险社会重要性与保险社会影响力的认识。

第二节 保险型社会概念、成因与表象

一、保险型社会的概念

埃瓦尔德等人的保险型社会理论对当前中国推进国家治理现代化具有很大的启示意义。基于他们的理论研究成果,结合全球国家治理与保险实践,以及保险功能和作用在新的发展时期所发生的深刻演变,我们认为:保险型社会是指,保险渗透联结社会各个领域,充分发挥不确定性管理和全面制度供给能力,通过保险机制将社会问题经济化,实现以经济机制保障社会契约化管理的社会发展新形态。

在经济社会现代化大背景下,传统保险业与现代技术充分结合,推动保险产品服务体系不断完善,满足经济社会和人们

生产生活需要，实现保险业向现代保险服务业演进。当现代保险服务业充分发挥保险的不确定性管理和全面制度供给能力，被经济社会各领域所广泛接受与认同，并通过保险机制将诸多社会问题经济化，保险服务从经济领域扩大到非经济领域后，保险以风险管理将分散的社会个体联结成为一个整体，经济社会成为一个宽泛意义上的"相互保险公司"，使得事后的责任追究转化为事前的经济分摊，实现以经济机制保障社会契约化管理，使多元治理成为可能，这时社会发展出现新的形态，这就是保险型社会。

根据保险型社会定义，我们可以看出：

第一，在保险型社会，保险的风险管理职能得到充分发挥。由于风险无处不在、无时不有，保险充分发挥全面制度供给能力，使得保险在对风险进行管理的同时，渗透到社会各个领域；

第二，基于精算技术，保险将许多不确定性转变为可量化和可替代的风险，并使之转化为可计算的风险损失，变成可交易的成本，从而将许多非经济问题转变为经济问题；

第三，当保险在发挥风险管理职能，基于精算技术将非经济现象经济化时，在某种意义上，它将社会问题转化为基于概率的经济问题，从而使诸多社会问题都能够借助经济机制加以管理，使社会实施契约化管理成为可能；

第四，由于保险以风险管理渗透联结社会各个领域，联结千万个社会个体，使整个社会成为一家宽泛意义上的"相互保险公司"，保险机制成为社会治理范式，保险成为社会基石；

第五，当保险成为社会基石时，从微观的社会个体的社会行为将保险机制作为社会互动的重要方式，到保险机制、保险理念广泛运用于社会后,产生"整体涌现性"①,使得保险对宏观的社会关系产生深刻影响,具备社会学上的普遍性与社会性,从而形成保险型社会。

在保险型社会,保险机制全面保障经济社会转型及运行,各类风险有效管理、风险预期相对稳定,经济社会和谐有序,有效降低了经济社会运行转型存在的不确定性,降低经济社会运行成本,提高了国家治理效率。

二、保险型社会的成因

由于不确定性或风险广泛存在于人类社会,降低不确定性和风险保障是人类社会的基础性追求,保险所提供的风险管理制度具有社会广泛性,它是保险型社会形成的社会学基础。

1. 不确定性或风险广泛存在于人类社会

纵观人类社会漫长的发展历史,每一项生产生活活动均伴随着不同程度的风险。人类从诞生之日起就为了生存而与自然环境不断抗争,在改造自然的过程中面临着各种自然灾害所带来的风险。随着生产力的提高,人类的活动范围不断扩大,同时也开始面临越来越多的风险。在私有制和交易制度形成之后,社会分工和

---

① 涌现性,通常是指多个要素组成系统后,出现了系统组成前单个要素所不具有的性质,这个性质并不存在于任何单个要素当中,而是系统在低层次构成高层次时才表现出来。系统功能之所以往往表现为"整体大于部分之和",就是因为系统涌现了新质的缘故,其中"大于部分"就是涌现的新质。系统的这种涌现性是系统的适应性主体之间非线性相互作用的结果。它是一种从低层次到高层次的过渡,是在微观主体进化的基础上,宏观系统在性能和机构上的突变,在这一过程中从旧质中可以产生新质。

专业化得到深化,商品经济开始蓬勃兴起,商品经济在极大地促进了生产力发展和社会分工协作的同时,也给人类社会的生产生活带来了大量新的风险,如路途遥远、运输安全、信息不畅、信任缺失等。同时由于商品经济打破了自给自足的自然经济,使得某一生产环节的风险可能会波及其他生产环节,产生连锁反应,放大了人类社会所面临风险的广度和深度。

随着市场经济日趋发达和复杂,特别是机器大生产时代的来临,交易规模和交易数量迅速增加,交易行为也变得日趋复杂,人类在生产生活中直接或间接面临的风险规模和风险数量也在不断增加①。除了风雨旱涝等自然风险之外,社会风险、经济风险、政治风险对人类的影响越来越大,例如受市场供求关系等因素而产生的市场风险会造成范围更大的连锁反应,甚至导致经济危机,带来广泛而深远的影响②。同时,贸易的发达和社会分工带动了城市的发展,城市的人口和财富密集度迅速提高,也使得风险事故造成的破坏力大大增强。

随着科学技术的进步发展,特别是新科技革命诞生后,科学技术的综合化、高速化使人类的活动领域出现了质的飞跃,这也推动了风险范围的扩大和大量新风险的出现,例如一次核事故会对该地区未来几代人都造成影响,发射卫星会将风险拓展到外层空间

---

① Strange, Susan, ed., *The Retreat of the State*, Cambridge:CUP, 1996, pp.120-123.

② 一些研究者认为,面对大量的人为风险,保险作用并不大,典型的如提出"风险社会"概念的贝克(Beck)等人,他们认为进入"风险社会"后,保险对于大量的人为风险是无能为力的。但是这仅仅是一面之词,所谓"风险社会"中保险作用不大的观点遭到了一些学者较为系统的反驳,如 Claudia Aradau Rens van Munster (Governing Terrorism and the (non-) Politics of Risk, *Political Science Publications*, 2005, 11),就从保险理论和保险实践两个方面作出了较为全面的反驳。

等,风险的影响在时间和空间上都出现显著扩展。由于科学技术使人类的生产生活方式发生了重大改变,与技术相关的风险对人类的影响也越来越大,使风险的社会性越来越突出,风险损失很容易达到巨灾的程度。灾难性事件产生的原因愈发多样化也使得人类对风险的计算、预防需要越来越高的专业技术。

总之,人类的生产和生活总是面临各种风险,而且随着生产力的提高、活动范围的扩大、生产生活的日益复杂,人类所面临的风险也在不断发展,不仅风险规模持续扩大、风险种类持续增加,风险对人类社会的破坏力也在逐步提升,并且随着人类改造自然范围和程度的逐步扩大,人为风险已经开始超过自然风险,成为风险结构的主导内容[①]。

2. 降低不确定性和风险保障是人类社会的基础性追求

不确定性或风险存在于人类社会的方方面面和生产生活的各个环节,而人类总是在寻求以最有效的方式保障生存和安全,谋求发展。

从心理学研究视角看,风险保障、确定性是人的第二层次需要。根据美国著名心理学家马斯洛的人类动机理论[②],从本质上来说,人类生产生活的驱动力可以分为五个层次,其中最基础的需求层次是生理需求,包括饮食、健康等内容。第二个层次的需求是安全需要,更明确地说是对一个"安全、可以预料、有组织、有秩序、有

[①] 诸多学者已经深刻认识到这一点并归纳出风险演变的规律。例如有学者将风险损失性质的演变归纳为从自然损失到经济损失,再到社会损失,最终发展为三合一的混合损失。参见段开龄:《风险及保险理论之研讨——向传统的智慧挑战》,南开大学出版社1996年版,第15页。

[②] 〔美〕A.H.马斯洛:《动机与人格》,华夏出版社1987年版,第40—69页。

法律的世界"①的需求。相应地,在此角度下,人作为一个有机体整体就是寻求安全的一种机制,人的感受能力、反应能力、智力及其他能力则成为寻求安全的工具。

从社会学视角看,确定性、风险保障是众多人类群体、系统形成的重要原因。人类社会各种群体、系统形成的重要原因是对分担风险、管理风险的需求。这些系统的规模和复杂程度各不相同,小到家庭,大到整个国际社会②。

在家庭层面,大量学者研究认为,家庭是人类社会基本的风险保障单位,人们在遇到困难时往往会依靠家庭和亲朋好友来得到帮助③,包括失业、生病、老年问题等。在社会集体层面,社会集体能提供非正式的风险保障,帮助人们处理个体风险,并整合资源应对共同面临的风险。在国家层面,国家通过社会保护、公共产品和公共政策等,为其社会运行提供良好环境,并对脆弱人口提供直接支持。在国际社会层面,国际社会通过提供专业知识,推动国家间政策协调,并汇集各方资源用于应对超出一国能力或跨越国家和代际边界的风险。

现代性很大程度上是对确定性或去神秘性的追求。社会学家马克斯·韦伯指出,现代化是世界逐渐去除神秘性的过程④。它以理性化为基本特征,包括经济理性化、行政理性化、法律理性化、文

---

① 〔美〕A.H.马斯洛:《动机与人格》,华夏出版社1987年版,第46—47页。
② 世界银行:《2014世界发展报告 风险与机会》,2013年版,第19页。
③ Fafchamps, Marcel, Risk Sharing Between Households, paper prepared as chapter to the *Handbook of Social Economics*, Benhabib, Jess, Bisin Alberto & Jackson, Matthew O. eds, Elsevier, 2008, http://www.stanford.edu/~fafchamp/hbsoc.pdf.
④ Mads P. Sørensen, Allan Christiansen, *Beck, Ulrich : An Introduction to the Theory of Second Modernity and the Risk Society*, Routledge, Reprint edition, 2014, p. 16.

化理性化、个人理性化等内容①。理性化重要的表征即是可计算性越来越强,且越来越精确,同时按章办事越来越普遍,由此世界的运行更加为人所理解,或者说得到"祛魅"。

3. 保险所供给的风险管理具有社会广泛性

风险的广泛性和人类社会对风险保障的基础性追求,决定了人类社会发展的历史,也是人类社会不断寻求更好的风险保障的历史。

在农业社会,国家的赈灾救济制度、封建庄园的保障制度、家庭保障、邻里乡亲之间的接济救助制度等已经形成并发挥作用。人类社会降低不确定性、保障风险的基本风险管理制度体系已经构建②。在工业社会,随着市场经济兴起和保险制度的诞生和发展,保险不断渗透经济社会生活各个领域,所提供的风险管理具有社会广泛性。

当人类社会进入现代社会后,保险制度安排能更好地满足人类社会对确定性和风险保障的追求。从韦伯的现代性论述可以很清楚地看到保险技术之于现代性的重要意义③。保险通过计算,能将不确定性这一世界的神秘性、非理性的重要来源,很大程度上变成为不再神秘的、可确定的内容。同时,保险通过推广应用保险精算技术,使得世界中任何给定事件的概率都可能被计算和估计。保险对世界这种去神秘性、理性化和确定性的贡献,进而之于现代性的重要意义,是其他行业所难以比拟的。西方不少学者也认同

---

① 毕天云:"论韦伯的现代性思想",《云南师范大学学报》2002 年第 6 期。
② 孙祁祥、郑伟:《保险制度与市场经济——历史、理论与实证考察》,经济科学出版社 2009 年版。
③ Mads P. Sørensen, Allan Christiansen, *Beck, Ulrich: An Introduction to the Theory of Second Modernity and the Risk Society*, Routledge, Reprint edition, 2014, p. 16.

这一观点①,现代社会理解、度量和管理风险的能力是现代社会与古代社会的主要区别之处②。

随着人类社会的演进,人类社会的活动领域不断拓展,人类社会的风险和保险所能涵盖的风险都在不断增加。可保风险和不可保风险的界线将随着社会发展不断变化。可以预见的是,保险机制作为一种契约化、科学化的关键风险管理制度,将在人类社会发展演进中发挥更大作用③。

从上分析可以看出,无论从心理学角度还是社会学角度,保险提供的确定性和风险保障的基础性层次处在仅次于生理需求的层次,同时风险和不确定性几乎存在于生产生活每项事务中的每一个环节中,由此决定了保险的应用具有社会层面的广泛性。这时,保险一词不仅仅意指一种经济现象、一种服务、一种机制、一种行业,它还直接对应着人类和人类社会一项重要的基础性需求,即风险保障或确定性。保险作为风险保障和确定性管理的重要社会制度或主体,能为社会提供广泛的确定性、风险保障。

4. 保险型社会的社会学基础

从社会学角度看,一个概念要成为"……型社会",就应当能够纳入到社会学理论的范畴,符合社会学的特定研究范式,或说达到社会学的研究范式标准。

---

① 〔美〕伯恩斯坦:《与天为敌:风险探索传奇》,机械工业出版社2010年版。
② 孙祁祥、郑伟:《保险制度与市场经济——历史、理论与实证考察》,经济科学出版社2009年版,第11页。
③ 段开龄指出,随着社会发展,损失的性质将从经济损失、社会损失演变到三合一的混合损失,相应地,保险形态将从私营保险、社会保险演变至综合保险。参见段开龄:《风险及保险理论之研讨——向传统的智慧挑战》,南开大学出版社1996年版,第15页。

社会学理论一般可以划分为四种范式①：

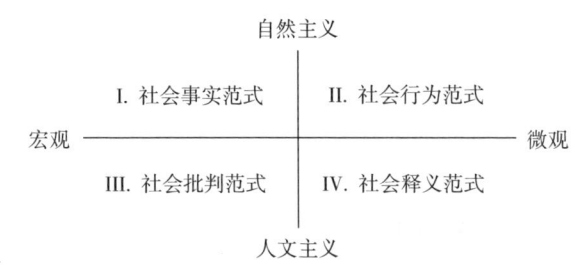

```
              自然主义
                │
    I. 社会事实范式 │ II. 社会行为范式
宏观 ─────────────┼───────────── 微观
    III. 社会批判范式│ IV. 社会释义范式
                │
              人文主义
```

图 3—1：社会学理论四种范式②

一是社会事实范式，即研究社会客观事实的社会理论范式。这一范式的理论主要关注于宏观的社会结构及其变迁，包括社会制度、科层组织、社会等。二是社会行为范式，即研究社会个体行为与周围环境关系的社会行为研究范式。这一范式的理论主要强调通过实验手段，了解人类个体行为或社会行为的基本特点。三是社会定义范式，主要是理解作为社会行动者的个人行动的主观意义，以及这种意义对社会行动者和社会现实的影响。它主要关注个体作为有意识的主体所参与的人类互动。四是社会批判范式，该范式最晚得到主流社会学承认，它认为事物的本质存在于对现实的否定之中。

根据社会学理论四大研究范式中的社会定义范式理论，由于保险所供给的风险管理具有社会广泛性，因此保险从经济范畴扩展到社会范畴，"保险型社会"达到社会学的研究范式标准。一方面，保险型社会强调社会个体作为有意识的主体，将保险机制作为社会互动

---

① 周晓红："社会学理论的基本范式及整合的可能性"，《社会学研究》2002年第5期。乔治·瑞查："社会学——一门多范式的科学"，《社会》1988年第7期。
② 周晓红："社会学理论的基本范式及整合的可能性"，《社会学研究》2002年第5期。

的重要方式;另一方面,它强调保险机制、保险理念广泛运用到社会各领域后,保险对社会成员个体和社会整体的重要影响。

但保险型社会理论也不完全局限于社会定义范式。保险型社会理论既涉及宏观的社会概貌(社会重要机制、社会核心理念的变化),更涉及世界微观的个体生存,既涵盖客观的社会事实,又涵盖主观的社会建构,既囊括动态的社会互动,又囊括静态的体系结构。

保险型社会作为一种社会发展形态,不仅仅基于生产力发展水平,也不仅仅基于生产关系性质,而是基于以这两者为共同基础发展而来的社会风险管理水平。即随着生产力和生产关系发展,社会风险日益凸显,风险管理成为社会的重要追求,同时社会风险管理技术水平和社会风险管理社会关系发生显著变化,由此产生的一种社会发展新形态。

三、保险型社会的表象

保险型社会中,随着全面保险制度供给的实现,保险基本功能的作用范围得到显著扩大,进而对社会一般个体行为产生切实影响。同时,保险在全面对经济领域各个个体产生影响的同时,出现"整体涌现性"现象,对经济社会整体的影响有着质的上升,对社会关系产生重要改变。保险对社会行为和社会关系的改变,最终形成一种新的社会现象[1]。

---

[1] 《辞海》对社会现象词条解释道,"人们的社会行为和社会关系,是社会现象的主要内容",上海辞书出版社1999年版,第4492页。由此可以认为,社会行为和社会关系共同构成社会现象。

1. 在微观上保险充分发挥经济范畴的功能,改变个体行为与思维方式

保险型社会中,保险作为市场经济制度的基础性构成要素[1],在微观层面,保险在更广范围和更深层次发挥其基本功能的作用,一定程度重塑个人和组织的行为,同时也改变它们的分析思考方式。

(1)保险以契约范式深入、系统地影响社会个体日常行为,改变甚至重塑个人、组织的生产生活方式

保险型社会中,保险机制特别是现代保险服务业全面渗透社会的背后,是各种保险契约深入社会各个方面,全面影响社会个体的日常活动[2]。保险以审慎或强制的方式设定承保或拒保条件,进而形成一种规则。通过规定什么可以投保、什么不能投保,什么是保险责任,什么是除外责任,什么样的情况下费率提高或降低等,保险契约以制度化的方式对社会个体的各种日常行为进行了深入引导和重新塑造[3]。

一方面这可以算是一种"私人立法",即由私人部门制定"法律"[4]。因为保险安排形成了一种框架,这种框架通过日常的、普通的交易实施运作,它定义个体和社会的责任,决定谁能够享受保险的好处、谁需要为此付款。它的效果和国家立法一样具有约束性和指导性。另一方面,它在广泛性和深入性上又具有"超越"[5]法

---

[1] 北大孙祁祥以及上文所述斯凯博、斯特兰奇等人都有类似论述。
[2] Barry, etc., *Insurance as Governance*, University of Toronto Press, Scholarly Publishing Division, 2003.
[3] Baker, Tom, Simon, Jonathan, *Embracing Risk:The Changing Culture of Insurance and Responsibility*, University of Chicago Press, 2002.
[4] 同上。
[5] 巴瑞等(2003)称之为"'超越法律'运作"。

律的一面,因为这种"立法"多是针对家庭和企业的内部活动,由此保险能系统地影响到国家法律或国家权威难以触及的日常生活的细枝末节。①②

(2)保险使精算理念成为个人、组织日常思考分析的基本范式,提升个人、组织对不确定性和风险的认识

在保险型社会,由于保险深刻影响社会个体日常行为,改变甚至重塑个人、组织的生产生活方式,使得保险的原理、思维范式和计算技术被移植到整个社会③,此时,保险将不可计算对象进行量化计算的原理和技术④,广泛被其他社会主体所认可并接受。

保险对风险概念的诠释和处理,使得人们逐渐习惯于从概率可计算的角度看待任何事物,从概率角度推理、思考,成为社会个人、社会组织的一种普遍思考方式⑤。贝克尔(2001)指出⑥,在西

---

① Baker, Tom, Simon, Jonathan, *Embracing Risk: The Changing Culture of Insurance and Responsibility*, University of Chicago Press, 2002; Barry, etc., *Insurance as Governance*, University of Toronto Press, Scholarly Publishing Division, 2003.

② 事实上,保险的经济补偿功能、风险分散功能只是保险功能的最后体现,保险在实现这两者的过程中所体现的对经济生活的引导塑造,正是保险的社会管理功能。以投保后养猪户就不会往长江上扔死猪为例,能带来这种管理效果(不扔死猪)的并不是保险的经济补充功能(保险赔付),而是保险在合同中约定养殖户需要对死猪做符合规定的处理(保险的管理)。

③ Mattelar, Armand, *The Invention of Communication*, University of Minnesota Press, 1996, p.230.

④ Dean, Mithell, Risk, Calculable and Incalculable, in Deborah Lupton, ed, *Risk and Sociocultural Theory: New Directions and Perspective*, Cambridge University Press, 2000, p.138.

⑤ Mattelart, Armand, Mattelart, Michèle, *Theories of Communication: A Short Introduction*.

⑥ Baker, Tom, Insurance and the Law, 2001, http://ssrn.com/abstract=242026 or http://dx.doi.org/10.2139/ssrn.242026.

方，从政治机构到货币管理部门、社会服务组织，保险的这种原理和技术被各种机构广泛采用——它们都遵循概率、人口统计学的方式思考，而这是通过保险的帮助实现的。保险对思维范式的改变，使得个人得以建立科学完善的财务规划和人生规划，组织则得以将社会活动中相当部分的风险事先纳入经营预算成本。

（3）保险显著降低恐惧对人的束缚和控制，为人类社会新活动领域的开拓提供一种科学、有力、持续的制度保障

保险型社会中，保险通过对不确定性的管理，降低了风险，减少了危险发生后个体所需承担的成本与压力等后顾之忧，由此显著减少恐惧或担忧对人的束缚，"将人从恐惧中解放出来"，鼓励人的事业心、进取心和创新精神，使个人、商业组织能够去从事原本难以去从事的活动①②。

一方面，从担忧日常不幸对自己和家人的影响，到担忧人类探索创新遭受重大挫折、投入遭受重大损失，保险为各个领域、各种层面的恐惧和担忧提供基本且重要的风险保障，有效控制不幸发生时的经济破坏与衍生的负面影响，为可持续发展提供确定性的未来。另一方面③，保险的全面风险保障能力也意味着，个人通过选择不同保险契约能够很大程度上实现对自己命运的把控，因为他们可以选择为何事承保，以及由自己承担哪些风险。

---

① Ewald, F., Insurance and Risk, in Graham Burchell, Colin Gordon & Peter Miller, eds, *The Foucault Effect*, Chicago, 1991.

② 需要指出，保险能够为冒险和创新提供风险保障，但是由于风险保障可能反而加剧人们对风险问题的加倍关注，导致一些人群更加忧虑风险，所以对于某些人群而言，保险降低风险的效果可能并不明确。但是保险总体降低风险、鼓励冒险与创新的作用是客观明显的。

③ Barry, etc., *Insurance as Governance*, University of Toronto Press, Scholarly Publishing Division, 2003.

2. 在宏观上保险具备社会范畴的影响力,改变社会管理与社会关系

保险型社会中,保险作为社会范畴的重要机制,在宏观层面充分发挥其对社会管理、社会个体间联系、社会矛盾等社会关系的重大影响力,一定程度上重塑社会关系。

(1)保险从社会宏观定位和社会整体福利出发,充分发挥社会管理能力,成为社会宏观管理的重要参与者[①]

保险渗透到经济社会各个领域,服务于社会各个个体时,产生的"整体涌现性",使得保险机制在服务经济社会发展转型、服务国家治理体系建设的过程中,其价值和作用得到更进一步的提升,从而推动社会朝着保险型社会演进;而保险型社会逐步建立,将更进一步支持经济社会和国家治理体系的顺畅运行,从而构成相互支持、协同演进的逻辑关系。在保险型社会,保险在其目标的宏观性和手段的广泛性方面,已经和国家具有一定相似性,进而决定了其全面制度供给范围能够达到接近"政府治理"的水平。

在保险的社会宏观定位与社会整体福利视野方面,保险通过分散风险提供保障和稳定,包括降低人类恐惧、保护公众财产、提供人口保障等直接目标或客观效果,体现了其鲜明的社会宏观定位和社会整体福利视野。这种直接以降低恐惧、人口保障、财产保护等人类基本权利或利益为保障对象的目标体系,很大程度上具有类似政府的宏观担当和社会福利视野,使保险主体在多个方面

[①] The Geneva Association, Systemic Risk in Insurance, *An Analysis of Insurance and Financial Stability*, Special Report of The Geneva Association Systemic Risk Working Group, 2010(March).

与国家一样发挥管理的作用,是对风险管理、人口管理和安全规定负责的国家之外的机构①。有学者认为,"一个有序的社会就像一种保险公司(Rawls,1973)",或者相反地,"国家应当被视作一个巨大的互济会或相互制保险公司,它的目的是为了提升公共福利(著名经济学家约翰·穆勒,1840)"②。

在保险的社会宏观管理手段与管理方式方面,保险的社会宏观担当和社会整体福利视野背后是其社会宏观管理的手段和方式。首先,保险在技术上对人口统计、概率理论等统计测算技术的广泛使用,是保险具有社会宏观担当和社会整体福利视野的技术基础。其次,保险通过紧密嵌入法律框架运行,实现制度化推广,推动现代社会制度化发展,是保险具有社会宏观担当和社会整体福利视野的制度保障。第三,保险在发展中逐步构建的一整套监督与审计体系,以及对各行各业的专业化风险管理方式,构成了保险的监督审计系统。这种监督审计系统是保险具有社会宏观担当和社会整体福利视野的体系支持。上述的技术、制度、体系形成了保险的社会宏观管理手段和方式③。

(2)保险通过损失赔偿社会化,以经济利益关系凝聚社会成员,实现社会契约化管理,并使社会团结协作取代部分社会责任分担,提升社会凝聚力和稳定性

---

① Barry, etc., *Insurance as Governance*, University of Toronto Press, Scholarly Publishing Division, 2003.

② 转引自 Knights, D.and Vurdubakis, T., Calculations of Risk Towards an Understanding of Insurance as a Moral and Political Technology, *Accounting, Organizations and Society*, 1993, 18 (7/8): 720-754。

③ Barry, etc., *Insurance as Governance*, University of Toronto Press, Scholarly Publishing Division, 2003.

在保险型社会,通过精算技术,保险将风险社会化(Socializing Risks),进而实现损失赔偿社会化,使得每个个体成为社会整体的一部分①。投保人与保险人通过签订合同,达成对合同条款规则的一致认同,明确投保人所需履行的责任义务,进而实现社会契约化管理。它不同于道德宣教和责任号召,不需要人们在道德良心层面上去保证担当责任、履行义务②,而是通过保险精算,将责任义务内容写入保险条款,在没有事先的道德承诺下,得到符合道德规范的结果,并且这种结果具有坚实的契约保障。

(3) 保险机制通过市场化手段来防范化解社会矛盾,使各方按照统一公平透明规则达成共识,解决矛盾纠纷,把社会矛盾预防化解纳入法治轨道

一方面,保险通过参与养老、失业、医疗等社会保障体系建设,参与安全生产、食品药品安全、环境污染、社会治安等社会公共安全体系构建,参与社会灾害防范与救助体系建立,从风险和矛盾的源头入手,以市场化、契约化手段协助政府降低经济社会运行风险、协调社会利益关系、规范社会行为,有助于实现从源头上预防和减少矛盾纠纷,促进社会和谐稳定。另一方面,保险以市场化手段参与矛盾纠纷调解,被广泛应用于侵权赔偿、交通事故纠纷调解等方面,有利于避免矛盾升级,减少社会纠纷和诉讼成本。

---

① Ewald, F., Insurance and Risk, in Graham Burchell, Colin Gordon & Peter Miller, eds, *The Foucault Effect*, Chicago, 1991.

② 保险基本原则中有最大诚信原则,但是最大诚信原则对于违背其原则者是有严格惩罚规定的,而此处所说的良心上的保证、承诺,违背之后是没有明确惩罚措施的。这是两者的重大区别。

第三节　保险型社会推进国家治理现代化的理论机制

保险型社会中,保险通过全面保险制度供给,充分发挥对不确定性的管理,进而降低不确定性这一交易成本的主要来源;通过培育与国家治理现代化相匹配的文化理念,服务国家治理现代化顺利实现,推进经济社会运行成本下降。

一、保险通过对经济社会各领域不确定性的有效管理,降低经济社会运行成本

1. 保险使社会问题经济化、外部成本内部化,减少社会摩擦与社会矛盾,降低经济社会运行成本

保险型社会下,保险将大量人与人、人与企业、人与政府之间的矛盾纠纷转化为比较单纯的经济关系,有效降低经济社会运行成本。保险通过研究经济社会存在的不确定性,将非经济现象经济化,通过对"未知数"(包括人的生命)进行货币化,使之成为可识别的对象[1],并转化为可计量的风险,然后将风险损失转化为损

---

[1] 严格来讲,保险是一种将不可计算对象可计算化的努力,因为被保险的并不是实际可能经受的痛苦本身,而是那些保险公司作出了资金保证承诺的风险。失去四肢,或失去父母的影响实际上是不可计算的,也难以成本化,但是保险能够通过计算这种事件的概率和合同约定的被保险人的保费支出,为这些事件分配一个价格,进而实现对这些损失的补偿。这一补偿永远无法真正补偿不幸遭受者,但是它是一种将感觉是不可计算的、认为是没有价格的东西,通过计算和货币补偿来处理的努力(Ewald,1986)。

失成本进行交易和交换①。正如国外学者埃瓦尔德(1991)所说的,"虽然人们永远可以声称生命和健康是无价的,但是人身保险、健康保险和意外保险持续证明,任何东西都可以有一个价格,我们所有人都有一个价格,并且这个价格是不相同的"②。因此,保险将社会问题简化为概率问题,对经济社会将产生重要影响③。

首先它将复杂的社会问题简化为相对简单的经济问题,将损失赔偿社会化,以社会团结协作取得社会责任分担,提高社会凝聚力,有效降低惩罚权力对社会所产生的道德和政治摩擦压力④⑤,减少社会内部摩擦,有效降低社会交易成本。如责任保险对侵权法等法律的影响和改变。它不同于法律强调责任、动机等因素,而是一定程度上将事故或伤害视作一种潜在的风险所致,弱化道德上的谴责。由于这些风险活动对整个社会是有益的,因而让整个社会,至少是让这些活动的全体受益者来承担这种潜在的风险成本,不让从事这种活动的个人遭受责任的打击更符合社会正义的要求⑥。

---

① Horan, C.D., *Actuarial Age:Insurance and the Emergence of Neoliberalism in the Postwar United States*, University of Minnesota, 2011.

② Ewald, F., Insurance and Risk, in Graham Burchell, Colin Gordon & Peter Miller, eds, *The Foucault Effect*, Chicago, 1991.

③ Mattelart, Armand, Mattelart, Michèle, *Theories of Communication:A Short Introduction*, SAGE Publications Ltd., 1998.

④ 贝克尔(2000)转引埃瓦尔德的论述称,责任险使得将侵权法理解成为一种风险分散体系——实际上就是一种保险——成为可能,而不再是一种判定个体对与错的简单机制。100年来,责任险对侵权法的改变是深刻而重大的,在魁北克、以色列、和新西兰的司法中,法定的保险计划甚至部分取代了侵权法(Sugarman 2001)。

⑤ Simon, The Ideological Effects of Actuarial Practices, *Law and Society Review*, 1988.

⑥ 李清伟:《侵权行为法与保险制度的法理学——比较法研究》,北京大学博士学位论文,1998年,第54页。

责任保险通过为侵权和被侵权者提供经济保障,使得侵权法更多关注赔付总成本的管理,更少关注被告的过错(Ross,1970)。同时,拥有健康、财产、残障保险的人群由于损害为保险所覆盖,侵权所致的损失得到减少,发起侵权诉讼的动机就可能会减弱[①]。

其次,保险型社会中,保险将非经济问题经济化能使社会问题可能造成的隐性损失显性化,事后的责任追究变成事前的成本分摊,将大量外部成本内部化,健全市场经济,减少市场失灵,降低经济社会运行成本。就企业而言,如通过环境污染责任险将以往由社会承担的环境污染成本转化为企业自身的经营成本,制度化地部分解决"市场失灵"、"公地悲剧"问题。从个人而言,通过个人承担自己的责任,更少依赖于家庭或国家的救助,一定程度同样实现了外部成本内部化,减少了"市场失灵",同样提升了经济社会的整体效率。

2. 保险支持社会风险管理决策分散化、市场化,减少集中式、行政式决策风险,降低经济社会运行成本

不同于一些西方国家,中国是从计划经济走向市场经济,从全能政府走向有限、有为政府。在保险型社会中,保险提升社会分散性个体的风险识别与抵抗能力,使得分散性风险决策成为可能。在保险支持下,国家顺应市场经济发展,把"哪些风险转化为成本、谁承担这些成本"的风险决策权力(国际政治经济学奠基人斯特兰奇,1996)交还到社会主体手中,以市场化、制度化和更加科学的风险决策机制取代集中式、行政式风险决策机制,更低成本、更有效

---

① Baker, Tom, Insurance and the Law, http://ssrn.com/abstract=242026 or http://dx.doi.org/10.2139/ssrn.242026.

地为企业、家庭、个人的生产生活提供全方位的保障。

在国家包揽所有风险时,国家决定哪些风险需要转化为成本,又由谁承担这些成本,风险决策的权力是集中式的。这种非市场化的风险决策机制存在计划经济的通病,看似成本很低,实际成本高昂。在保险型社会,保险提升分散性个体风险识别和抵抗能力,使得对多数风险作出相关决策的权力分散到组织和个体。由于这种风险决策机制是基于精算技术和契约框架、基于专业分工的技术支撑,因此具有更强的科学性、制度性、专业性。可以说,从计划模式到市场模式,保险为分散化的风险决策提供制度支撑,能充分发挥市场优势,显著降低经济社会运行成本。

3. 保险构建风险信息体系提升全社会的风险控制水平,降低社会风险,降低经济社会运行成本

保险对社会各领域的风险特征进行细分研究,描绘社会详尽的风险情景,建立一整套完备强大的风险信息系统[1],基于风险保险精确计量风险高低,不仅使保险本身受益,还将使其所处的社会得以掌握全面而详细的风险统计数据,为社会各领域生产生活提供一系列的风险信号灯和指示器[2]。借助运用这一信息体系,社会的各个子系统处理其所面临的风险和不确定性的能力得到极大提升,降低全社会的交易成本。

风险信息体系以及相应的风险管理规则是应对风险、灾难及一系列不确定性因素的方法和原则,对社会影响深远。从保险的

---

[1] 这种风险体系的构建也包括以人为对象的细分,如格林伍德(Greenwood)和亚伯拉罕斯(Abrahamse)(1982)提到,精算技术能够被使用来识别哪些人更可能或更不可能成为犯罪分子。转引自西蒙(1988)。

[2] 乌尔里希·贝克:"从工业社会到风险社会"(上篇),《马克思主义与现实》2003年第3期。

角度来看,这种风险信息体系在一定程度上奠定了保险为公众和社会提供巨大保护和保障的基础。从社会的角度来看,保险的这种风险信息体系也能有效增强公众对政府以及企业的信心,提高公众对两者的信任度①。

4. 保险本身不是系统性风险源,不会为金融系统带来系统不稳定因素而增加经济社会运行成本

国际保险监督协会(IAIS,2011)②和欧洲保险和再保险联盟(CEA,2010)③都指出,保险的业务模式决定了保险不会产生影响整个经济的系统性风险④。保险的商业模式是建立在对"由特质的、不相关的风险组成的大量巨大的多元化风险池"进行承保的基础之上,所以它就不太可能成为一种系统性风险的来源⑤。同时,这也意味着保险的风险通常是独立于经济周期和金融市场风险的⑥⑦,它不会放大经济周期的波动程度。

---

① 乌尔里希·贝克:"从工业社会到风险社会"(上篇),《马克思主义与现实》2003 年第 3 期。

② International Association of Insurance Supervisors, *Insurance and Financial Stability*, 2011 (November).

③ Comité Européen des Assurances, *Insurance:A Unique Sector, Why Insurers Differ from Banks*, 2010(June).

④ 保险公司的最大受损相关指标是损失准备金不足和定价缺陷,而不是具有系统传导性的再保险失败因素,或表征金融市场风险暴露的投资失败因素。

⑤ 相比银行,保险的传染风险更小,更高的可替代性(应指保险公司之间的替代性)、更低的金融脆弱性(CEA,2010)。

⑥ The Geneva Association, *Systemic Risk in Insurance, An Analysis of Insurance and Financial Stability*, Special Report of The Geneva Association Systemic Risk Working Group, 2010(March); International Association of Insurance Supervisors, *Insurance and Financial Stability*, 2011 (November).

⑦ 银行则是典型的顺周期产业,"银行的顺周期性是影响宏观经济波动、调控政策有效性和金融稳定的重要因素"(徐东明,2009)。

从经营实践来看,保险业的杠杆率并不是很高,其投资的资金也主要源于保费收入,并与负债规模保持匹配。从保险以往的危机实例看,相比于保险对经济的积极作用,保险公司破产对经济造成直接影响的情况非常少,并且造成直接经济影响的破产大多数都是和银行部门相关①。同时,保险作为金融市场中重要的机构投资者,当金融系统中的其他部分产生系统性冲击时,它能吸收这些冲击,减少经济波动风险②③。

二、保险通过全面制度供给保障新旧制度交替和制度落地执行,推进治理结构优化,降低经济社会运行成本

1. 在保险型社会,保险保障新旧制度交替转型顺利进行,减少转型社会矛盾,降低制度转型成本

国家治理现代化进程是新旧制度交接、规则更替的过程,新旧制度交替就会带来一定的不确定性、波动性。新旧制度更替涉及社会许多领域,它需要整体性的制度保障。保险型社会通过全面保险制度供给,强化制度交替的薄弱环节,保障新旧制度交替转型

---

① Manani, The Role of Insurance Companies in Albanian Economy, *Journal of Academic Rrsearch in Economics*, 2013.

② Comité Européen des Assurances, *Insurance:A Unique Sector, Why Insurers Differ from Banks*, 2010 (June).

③ 如 AIG 等保险公司在 2008/09 年金融危机中的角色,是由于保险涉入了一些具有系统性关联性的非核心业务,如金融衍生产品、证券出借等业务。但是不同于在商业模式层面上具有系统性风险的行业,保险的这种风险通过微观审慎监管是能够避免的(CEA,2010)。同时,2008/09 年的金融危机也表明,保险的商业模式使得绝大多数的保险公司比其他类型的金融机构更好地经受住了金融危机(IAIS,2011)。

顺利进行。

在新旧制度交替过程中，一些社会组织和个体可能是原有制度下的既得利益者。旧制度的废除、新制度的建立，可能会使其原有既得利益丧失，需要给予一定的补偿。保险机制的介入，用市场化机制将补偿在时间和空间上给以分散，减少国家负担、减少制度转型的成本。新旧制度的交替也可能存在试错成本，由于制度演进更替对整个社会是有益的，因而应该让整个社会来承担这一试错成本，而不应该仅仅是制度更替的当事人来承担。保险使得试错成本能够采用市场化机制在制度更替的可能受益者之间、甚至由整个社会共同承担，更符合社会正义原则，从而减少制度转型带来的社会摩擦，降低制度转型的成本。

2. 保险推进政府、经济、社会三方治理结构优化，提升国家治理效能，降低经济社会运行成本

保险型社会构建中，保险作为一种市场机制，将服务政府职能转变、扩大市场治理边界、支持社会治理发展，进而优化三方治理的结构，推动国家治理匹配适应经济社会基础，降低经济社会运行成本。

在服务政府职能转变、扩大市场治理边界方面，保险以市场化机制有效分担政府在经济建设、民生服务和社会管理方面的职能，从而扩大市场治理边界。在经济领域，保险通过放大财政政策效应，参与重大、长期基建项目建设等方式，提升政府政策效力，服务有限有为政府建设。在民生领域，保险积极参与社会保障体系建设，减少政府负担，服务有限政府建设。在社会管理领域，保险积极参与公共安全体系建设和环境保护等工作，降低政府管理压力。

在支持社会治理发展方面,保险将支持社会治理成型、独立,推动社会治理在国家治理体系中发挥应有的积极作用。保险通过为各类社会组织提供不确定性管理服务,提升社会组织的自治能力。同时,为政府、市场和社会治理提供重要的沟通合作平台,推动社会力量不断参与社会管理,促进社会治理不断成长。

3. 保险以经济机制支持国家治理基本制度落地执行,保障经济社会有序运行,降低经济社会运行成本

国家治理发挥有效作用,不仅需要构建一套相对完备的制度体系,更关键是制度的落地执行。在保险型社会中,保险对接各项基本制度,支持各项基本制度在经济层面的落地。保险在管理不确定性时,通过将复杂的社会问题转化为单纯的经济问题,弱化这些复杂社会问题中的行政和法律责任矛盾因素,既有力保障社会主体的经济利益不受损害,同时显著降低其他社会纠纷和社会矛盾处理机制的压力,以符合现代社会发展趋势的方式,降低社会交易成本,促进社会运行效率提升。

国家治理体系各项制度本质上是为了制定规则、厘定权责义务,维护公民各项权益,为经济社会运行提供基本框架。制度的落地执行需要对涉事各方经济利益进行重新厘定,对经济上的权益重新分配。在现代社会,经济层面上的惩罚与补偿对制度落地执行愈加重要。以专利保护制度为例,专利保护制度的核心是维权,在实际制度运行中,法律判定责任归属、制止对专利权的侵害固然重要,但是否实现经济补偿对于受害方更具有现实意义,因为这决定了对受害方的权益保护能否真正实施。

三、保险精神的广泛传播,成为社会文化内核的重要部分,客观上培育与国家治理现代化相匹配的治理文化,推动国家治理现代化

在保险型社会,随着保险对经济社会的全面渗透,保险所弘扬的互助共济、尊重契约、诚实信用、自我保障精神将广泛传播、深入人心,深刻影响人们的思维和行为习惯,成为社会文化内核的重要部分,客观上起到培育现代治理文化的作用,推动国家治理现代化实现。

1. 在保险型社会,保险精神深入人心,成为社会文化内核的一部分

首先,保险精神中的法治契约理念深入人心。保险在日常经营中处处以法律和契约为准绳,以制度规范为依归,强调以事先协商、共同认可的合同条款为今后双方一切行事的准则,倡导契约化管理,推崇从事后纠纷走向事前协商。在保险型社会,人们逐渐形成处处按照法律契约规定行事的习惯,尊重法律、尊重契约、尊重规则成为广泛的社会理念。

其次,保险精神中的互助共济理念深入人心。保险起源于人们共同抵御风险的制度化、专业化需求,相互帮助、共同抵御概率意义上必然存在的风险是保险不变的内核。在保险型社会,随着保险契约深入管理日常生活的方方面面,保险内核中的互助共济理念也普遍为人们所认识和认同,"人人为我、我为人人"的理念成为一种社会常识。

第三,保险精神中的诚实信用理念深入人心。保险以最大诚

信原则为基本原则之一,对保险当事人的相关行为提出了比一般民事活动要求更高的诚信要求——"最大诚信",倡导以更加凝聚的人心抵御日益突出的风险。同时保险以强大的反欺诈等监督审查系统为支撑,从行动上对背信、弃约行为进行打击。在保险型社会,保险对诚实信用的要求逐渐为社会成员所习惯和接受,诚实信用逐渐成为社会理念。

第四,保险精神中的自我保障理念深入人心。保险以制度化方式为人们提供一种将不确定风险转化为固定成本的选择,使个人承担自己的责任、完善自我管理、强化自我保障成为可能,引导个人减少对亲友家人的依赖,减少对社会政府的依靠,推动个人建立完善的财务规划、人生规划,推动组织建立完善的经营预算、成本预算。在保险型社会,通过保险业深入宣传自我保障理念,提供自我保障制度,自我保障、自我负责、责任担当成为社会普遍共识。

2. 在保险型社会,保险精神客观上培育与国家治理现代化相契合的治理文化,促进现代治理文化形成

首先,国家治理现代化强调法治契约精神,它要求以法治为核心的现代制度体系成为治理的核心工具。随着保险精神的契约法治理念深入人心,尊重法律、尊重契约、按章办事的现代治理文化逐渐形成。

其次,国家治理现代化强调合作协调,它要求政府、市场、社会共同参与发挥治理作用,积极协作以达到最佳治理效果。一方面,随着保险精神的诚实信用理念深入人心,推动人们在社会活动中信守承诺、履约尽责,不断增强人与人之间的信任感,为形成协调合作的治理文化奠定信任基础。另一方面,随着保险精神的互助共济理念广泛传播,人与人之间的协作意识不断增加,社会凝聚力不断增强,客观上培育强调协调合作的治理文化。

第三,国家治理现代化强调责任担当,它要求各社会主体主动承担起因政府转型而转移的责任。随着保险精神的自我保障理念广泛传播,自我保障、自我负责、责任担当等观念广泛为人所接受。一切依赖政府的思想得到显著改观,强调责任担当的治理文化逐渐形成。

3. 现代治理文化是国家治理现代化的基础,为国家治理现代化提供指引和动力,推进国家治理现代化实现

现代治理文化的形成,推动国家治理现代化实现。首先,现代治理文化是国家治理现代化的基础。社会生产关系的发展变化和要求,首先表现为人们文化观念的变化。强调契约法治、协调合作、责任担当的现代治理文化的形成是国家治理现代化实现的前提和保障,也是国家治理现代化的标志。其次,现代治理文化是国家治理现代化的指引。优秀的思想文化必然会内化于国家治理体系和治理能力的指导思想之中,成为国家治理现代化的思想指引。现代治理文化以指导思想的形式直接影响着国家治理体系和治理能力的现代化进程,为国家治理现代化提供导向,促进治理现代化。第三,现代治理文化是国家治理现代化的动力。当现代治理文化为社会公众所接受并内化于心,成为社会文化的重要组成部分,全社会就会主动以这种治理文化为指导,积极推动国家治理体系和治理能力的变革,促进国家治理体系和治理能力现代化。

第四章 建设保险型社会服务国家治理现代化的国际经验与启示

从国际实践来看,以美国为代表的发达国家对发挥保险在服务国家治理方面的作用高度重视,普遍推动保险向经济社会各领域全面渗透,呈现出建设保险型社会服务国家治理现代化的发展趋势。本章对发达国家建设保险型社会服务国家治理现代化的典型国际实践加以归纳整理,并以与我国当前社会背景高度相似的美国进步时代为重点研究对象,对美国在进步时代及第二次世界大战之后的"黄金时代",通过建设保险型社会服务国家治理现代化的经验进行系统总结,进而得出对我国推进国家治理现代化的启示。

第一节 建设保险型社会服务国家治理现代化的国际实践

在西方发达国家推进国家治理现代化进程中,保险已经逐步渗透到经济社会各个领域,在政府治理、市场治理、社会治理以及生态文明治理等方面,保险的不确定性管理和全面制度供给能力得到了较好体现,并且持续支持三元治理结构优化,保障各项制度的有效实施,在降低经济社会运行成本、服务国家治理现代化方面发挥重要作用。发达国家政府也在许多领域主动引入保险机制来提升治理效能,从而呈现出建设保险型社会服务国家治理现代化的发展状态。本节主要从国际视角出发,将相关国际案例进行整理,以资为我国建设保险型社会服务国家治理现代化提供借鉴。

一、政府治理领域

现代化国家治理体系要求政府是有限有为的政府。政府在必需的领域进行监管和调控,并着力提升行政效率,节约行政成本,促进整个社会的帕累托最优。在不需要政府治理,或者随着市场、社会机制完善可以交由市场、社会自治的领域,政府逐步退出,以提高国家治理效率、节约有限的行政资源。从国际实践来看,保险机制有助于在政府退出治理的领域支持替代制度供给,保障治理机制顺利交接和新模式的低成本运行,同时,支持政府将有限的行政资源应用到更有效率的领域,使国家治理效率最大化。

1. 助推建立有限的政府

政府的行政资源是有限的,在现代化国家治理建设过程中,除了要提升行政效率、建设有为政府之外,还需要政府在市场、社会能够自我管理的领域逐步退出,以节省行政资源,建设有限兼有为的政府。从国际经验来看,保险机制能够在许多领域通过制度供给来填补政府退出治理后出现的空白,助推有限政府的建设。

美国农业保险的发展就是一个典型的案例。美国是一个农业大国,面对自然灾害等潜在风险,美国从20世纪30年代就开始筹备建立农业保险制度。最初以设立美国联邦农作物保险公司的方式,由政府对农业灾害提供保险。随着农业保险在之后几十年的发展,开始出现农民参与率低、费率精算不平衡等问题。为了进一步促进农业保险的发展,美国在 1980 年对《联邦农作物保险法》进行了重大调整,允许商业保险公司参与农业保险经营,并为商业保险提供相应的财政补贴。从 1981 年到 2003 年美国政府给农作物保险的财政补贴累计达到 260 亿美元。商业保险的参与显著提升了保险范围和投保积极性,保险作物从 30 种扩大到 51 种,农业保险的投保率迅速提高[①]。随着商业保险公司在美国农险领域作用的不断提升和农户对商业保险的认可,自 1996 年以后,美国联邦政府开始逐渐退出农业保险公司的运营领域,转而通过政策和财务支出对私营农业保险公司和农民进行补贴,间接参与农业保险活动。到了 2000 年,联邦政府已经基本退出了直接提供农业保险服务领域,美国农业保险进入商业保险公司单轨制阶段,并延续至今。商业保险公司参与美国农业保险的历程表明了保险机制支持政府治理的重要作用,特别是在农业这个事关国计民生的重大产业上,保险机制能够提供多种农作物保险、价格指数保险等,充分放大财政效应,减轻财政压力,使政府能够从繁杂的经营工作中抽身而退,通过市场机制运作和财政支持来实现有效治理。

美国农业保险发展阶段特点如下表所示,从政府单轨制到双轨制再到保险公司单轨制的发展路线充分体现了商业保险的重要性,商业保险的参与不仅促进了农业再生产资源在美国范围内得到有效配置,增强了农业经济抵御自然灾害和风险的能力,还巩固了美国农业经济的基础地位,实现了减轻政府负担和保证农业稳定发展的双重效应。

---

① 于洋:"美国农业保险改革历程与财政补贴体系探索",《金融理论与实践》2012 年第 5 期。

表 4—1：美国农业保险发展阶段简述①

时间	阶段特点	措施
1938—1980年左右	政府单轨制，试验和调整阶段	美国 1938 年颁布《联邦农作物保险法》，由政府机构提供农作物保险业务，联邦农作物保险公司直接开展农作物保险业务。
1980—2000年左右	政府和商保公司双轨制，强制性措施	1980 年颁布新的《联邦农作物保险法》，政府机构与私营公司共同经营，扩大了农作物的承保范围，政府制定政策并提供补贴，具体农作物保险业务完全由私营公司经营，联邦政府提供的补贴约占纯保费的 30%。
2000 年左右至今	商保公司单轨制，政府间接参与	政府制定政策并提供补贴，具体农作物保险业务完全由私营公司经营。从 1998 年起，美国政府开始逐渐退出农作物保险的直接业务，将直接业务全部交给了私营保险公司经营或代理，联邦农作物保险公司只负责保险政策和规则的制定、履行稽核和监督等职能，并且提供再保险。目前，美国农作物保险业务主要由 17 家美国私营保险公司经营②。

发达国家商业保险公司纷纷参与巨灾保险体系也体现了保险对建立有限有为政府的支持。巨灾风险往往会对社会经济造成毁灭性的影响，是政府治理中必须考虑的风险因素，但如果由政府全

---

① 根据吴雪平、梁芷铭（"美国农业保险政策对农业经济的影响"，《世界农业》2014 年第 1 期）、段昆（"美国农业保险制度及其对我国农业保险发展的启示"，《中国软科学》2002 年第 3 期）、于洋（"美国农业保险改革历程与财政补贴体系探索"，《金融理论与实践》2012 年第 5 期）、程宵、吕季（"美国农业保险的成功经验对中国的启示"，《中国保险》2011 年第 11 期）等文献整理。

② 程宵、吕季："美国农业保险的成功经验对中国的启示"，《中国保险》2011 年第 11 期。

面负责巨灾预防、赔偿、安置、重建等工作,会给政府带来巨大的财政和工作压力。从发达国家实践来看,普遍都引入商业保险机制来分担巨灾风险、减轻政府负担,并且借助巨灾债券、巨灾期货等方式进一步向资本市场转移风险,实现了较好的巨灾风险治理。例如美国推行由政府主导,商业保险公司根据参与程度负责代理承办、损失评估、赔付处理等工作的巨灾保险体系,法国推行主要由商业保险公司经营的强制性巨灾保险体系,日本推行由商业保险公司与政府共同建立的强制性巨灾保险体系等。部分发达国家的巨灾保险体系如下表所示[①]:

表4—2:部分发达国家的巨灾保险体系

国家	模式	主要内容
美国	政府主导模式和资本市场与巨灾风险相结合模式	一方面,美国推出政府主导的国家洪水保险计划、联邦农作物保险计划、核责任保险等,设立了相应的联邦保险和减灾局、联邦农作物保险公司等。另一方面,大力推行巨灾保险证券化,以巨灾期货、巨灾互换、巨灾债券等形式向资本市场转移风险。
英国	保险公司自主承保模式	英国保险市场的商业保险责任中已经涵盖了巨灾风险责任,政府则负责提供公共品,一般为非强制模式。例如在洪水保险中,政府并不参与保险经营,但负责投资防汛工程,提供灾害预警、气象服务等,并与保险行业协会签订合作协议。巨灾风险还可以直接通过再保险市场分散出去。

---

① 根据刘培("从国外巨灾保险模式看我国巨灾保险体系构建",《合作经济与科技》2014年第1期)、刘建英("美国应对巨灾的保险安排",《中国保险报》,2009年9月15日)、滕五晓、加藤孝明("日本地震灾害保险体制的形成及其问题",《自然灾害学报》2003年第12期)等文献整理。

（续表）

法国	商业保险公司经营的强制性巨灾保险体系	1982年颁布 *The French Nat System* 法，将洪水、地震等风险纳入承保范围，通过扩展现有财产险保单责任的方式由保险公司经营，任何购买财产险保单的投保人都被强制要求购买自然灾害附加险。同时法国国有中央再保险公司为其提供巨灾分保，准备金之外的剩余责任由政府承担。
日本	商业保险公司与政府共建强制性巨灾保险体系	地震保险分企财和家财两种，企业损失在承保限额内由保险公司提供，家庭损失由保险公司和政府共同承担。地震风险通过政府和民间再保险共同分担的二级再保险模式，分散到各保险公司、日本地震再保险公司和日本政府三方。

2. 助推建立有为的政府

在实践过程中，政府包揽公共服务往往会产生行政效率低下、公共服务供给不足等问题，根据国际经验，引入市场机制来提升行政效率是一项行之有效的举措。保险本身是一种市场化机制，通过政府服务外包、参与承办管理等方式，将市场机制引入政府治理的过程中，利用市场对资源的优化配置来提升政府治理效能、提高公共服务的数量和质量。

以上文所述的美国农业保险为例，保险机制的参与不仅显著提升了农民的保障程度，而且通过费率杠杆有效实现了政府财政放大效应。由于农业生产具有高风险性和系统风险性，因此美国农业保险的费率一直处于10%左右的平均水平，为了提高农场主的投保积极性，美国对投保人实行一定比例的保费补贴，并对不同产品实施不同的补贴率，以保持财政补贴的公平性，对经济状况较差的农场主给予更大的财政支持，而商业保险机制通过费率杠杆有效扩大了财政补贴的保障额度。以 2012 年为例,美国财政为农业保险提供了约 71 亿美元的财政补贴,通过费率杠杆实现了 1100 亿美元左右的风险保障,财政放大效应超过 16 倍。由于财政补贴政策能够有效推动美国农险投保率的提升,美国始终保持对农险的高补贴政策,整体补贴总额从 2002 年的 15 亿美元左右到 2012 年的约 71 亿美元,呈现出明显的上升趋势。再如法国财政对农险的保费补贴比率在 50%—80%,日本财政对农险保费的补贴比率在 50%—70%,而且对农险机构的经营管理费用也提供一定程度的补贴。综上,发达国家普遍通过高水平的补贴比例来提高农业保险的投保率、扩大农业保险的覆盖范围、提升对农民的保障程度,从而使保险放大财政效应、提高财政资金使用效率,助推建立有为政府。

同时,发达国家还通过引入保险公司来开展政府服务外包,从而提升政府管理效率、降低管理成本、提高公共服务质量,例如美国的国家洪水保险计划,在强制推行前期经费利用效率并不高,例如在 1977 年 6.12 亿美元的总保费中,只有约三分之一真正通过经济补偿回到灾民手中,民众的满意度较低[1]。为了提高运营效率、更好地发挥洪水保险计划的作用,美国在 20 世纪 80 年代开始尝试引入商业保险公司,由商业保险公司以自己的名义出售洪水保险但不承担赔付风险,承保后再将保单全部转给联邦保险管理局,充分利用商业保险公司的业务网络来节约成本,并最终演变为由保险公司和保险中介公司来经办洪灾保险的销售、保单签发、损失评估和赔付处理等服务,联邦政府付给合理的代理费或劳务费的合

---

[1] 程晓陶:"美国洪水保险体制的沿革与启示",《经济科学》1998 年第 2 期。

作模式。在商业保险公司的支持下,美国国家洪水保险计划从1985年起实现了自负盈亏,不再需要用纳税人的钱来补贴赔偿的运营费用,并且还实现了一定的盈余以应付特大水灾的赔付。商业保险公司的参与使得美国在迅速补偿洪灾损失、推动洪泛区管理、抑制洪灾损失急剧上升趋势方面的管理效率显著提升,为建立有为政府提供了重要支持。

二、市场治理领域

我国经济领域改革主要从现代市场经济体系建设、经济体制转型和经济结构转型升级两个方面来完善现代市场体系、加快转变经济发展方式,推动经济更有效率、更加公平、更可持续发展。从国际经验来看,保险机制在这两个方面都能发挥重要的服务功能。

1. 完善现代市场经济体系建设

从国际实践来看,保险在完善现代市场经济体系建设方面的作用可以概括为三大方面:

(1)助推市场制度环境的完善

发达国家普遍引入保险机制来确保法律法规的执行效果、提高法律法规的实施效率,不仅保障了法治经济的实施、推动市场制度的完善,而且通过市场机制有效化解社会纠纷,扩大了市场治理边界,提升市场在资源配置中的地位。发达国家普遍实施的产品责任保险制度就是这方面的代表案例之一。产品责任保险最早始于1910年前后的英美等发达国家。随着市场经济的发展和技术的进步,西方国家的产品无论在数量上还是在品种上都有了极大增加，因产品责任导致的社会纠纷和经济赔偿案件也迅速增长，进而导致了较为严重的社会问题，特别是在食品安全领域，甚至引发了公众的强烈抗议和信任危机。西方国家普遍开始通过立法等形式对产品责任进行严厉的惩罚，确立在产品责任方面的制度规范。法律的实施前提是产品生产商拥有足够的经济赔偿能力，因此西方国家普遍产生了对产品责任保险的巨大需求，并开始通过法律规定和相关判例推广来规范产品责任保险制度。例如法国在《法国民法典》中产品责任保险的内容予以明确规定，同时1930年公布实施的《保险合同法》的第二章"损害保险"中规定了产品责任保险相关内容。德国也在1910年实行的《保险合同法》第二章"损害保险"中规定了相关内容。美国主要通过对产品责任实施严格责任和巨额经济惩罚来倒逼生产商自觉购买产品责任保险，不仅美国自己生产的各种产品需要投保产品责任保险，而且各国出口到美国的许多产品也要投保产品责任保险。特别是在食品领域，美国部分州通过立法建立了食品安全强制责任保险制度，将购买保险作为食品企业生产经营活动的前置条件，对确保食品安全发挥了重要作用。综上而言，产品责任保险为西方国家的产品生产和销售提供了全面的风险保障，推动其建立较为完善的产品责任制度体系，显著降低了各行各业生产经营过程中的不确定性，并通过市场机制解决了大量产品责任引发的社会纠纷，保障了产品责任相关法律的执行效力，甚至在一定程度上推动了产品责任领域严格责任制度的实施。

保险助推市场制度环境完善的另一个重要方面是保险对市场信用体系建设的重要支持。美国保险业于1876年就在世界范围内率先开办了信用保证保险业务，并在1908年成立了信用保证保险协会(SAA),发展至今已经在整个经济社会范围内广泛提供信用保证保险业务,建立了市场化经营的信用保证保险体系,成为美国企业特别是中小企业信用担保体系的重要组成部分。美国保险业通过对业务数据、资信数据的搜集与整理,以市场化的手段增强对个人、企业信用行为的规范与约束,使企业乃至更多的社会主体深刻意识到诚信行为的重要性,在促进经济发展的同时,也成为美国信用社会重要的制度组成,为美国形成完善的市场信用体系提供了重要支持。

(2) 保障市场运行机制的稳定

从国际实践来看,保险普遍将经济主体的各种风险成本量化为固定的保费支出,保障其经营的稳定性,同时保险还通过信用保险等产品保障商贸行为的稳定性和持续性、通过价格指数保险保障市场价格的稳定性、参与社会保障体系建设支持市场化退出机制完善等多种方式,发挥保险在保障市场机制稳定运行的重要作用。

首先,发达国家保险业通过对企业财产和重大工程项目等领域的广泛覆盖保障市场机制稳定运行就是代表案例之一。在发达国家,现代保险已经普遍将市场主体所面临的财产、责任等风险纳入综合性保单,提供量身定做的风险服务。例如美国商业保险公司为企业提供包括企业财产损失保险、机器故障保险、产品责任保险、营业中断保险、应收账款保险、雇员忠诚保证保险、地震保险等服务在内的一揽子保单,这些保单在内容上相互衔接和配套,形成对企业生产经营过程中多种不确定性的全面覆盖。再如发达国家的工程保险已经形成了完善的产品体系,包括建筑工程一切险、安装工程一切险、第三者责任险、合同风险以及承包者的设备保险、机器损坏险、完工险和行业一切险、雇主责任险、利润损失险/业务中断险、十年责任险/两年责任险等产品,为工程项目的实施提供全面的风险保障服务,发达国家国际工程的工程保险覆盖率已经达到90%以上,大型工程项目还会委托专业风险管理机构和专业保险顾问来负责工程项目的风险管理并制订科学的工程保险方案。保险通过企财险、工程险等产品有效管理市场主体生产经营过程中的不确定性,为市场经济的稳定运行提供了重要保障。

其次,发达国家信用保险及相关产品对商贸行为的保障也是代表案例之一。例如裕利安宜等信用保险公司为各类市场主体提供信用保险、保证保险、再保险、保理业务、应收账款管理、资讯收集、信用咨询、发票贴现等多项业务,充分保障企业在市场交易活动中面临的各种信用风险。《福布斯》500强中有80%购买了贸易信用保险,在欧洲,贸易信用险承保额(包括国内贸易和出口贸易)占欧盟内部贸易量的70%。在信用保险等产品的有力保障下,发达国家的贸易活动得到了持续稳定的发展,企业坏账率通常只有0.25%至0.5%,从而保障了市场经济的稳定运行。

第三,保险业通过价格指数保险来保障市场价格机制的稳定,主要体现在农产品领域,例如美国、加拿大、巴西、西班牙、法国等,美国更是将大部分农产品价格风险纳入农业保险保障计划来保障农业市场的稳定。以美国的"畜牧业风险保障保险计划—肉牛价格保险"为例,目标价格或保障价格是以保单签订日芝加哥商品交易所上保障期限末交割的肉牛期货价格为依据确定的,如果芝加哥商品交易所的肉牛期货价格在保单到期日低于"目标价格或保障价格"时,保险公司就会对差额部分进行赔偿。因此,保险通过以某种公开、透明、客观的"指数"作为赔付依据,通过将覆盖范围扩大到市场风险领域,使农民能够拥有稳定的预期收入水平,避免因价格波动而遭受损失,保障了农产品价格机制的稳定,为农业的稳定发展和市场的健康运行提供了重要的支持。

第四,保险业通过参加养老保险等社会保障体系建设,支持市场化退出机制的完善。发达国家已经普遍从政府包揽养老转向利用商业保险的力量来增加保障,例如美国的公立养老保险计划经常采用委托民营公司的方式进行运作,职业年金计划的管理工作通常也是委托给保险公司等机构来负责,保险公司还通过保证收入合同等产品为养老基金提供多样化投资方式。在工伤、医疗、残疾保险等方面,商业保险公司也为民众提供了社会保障之外的服务,通过商业保险机制的参与,发达国家的社会保障体系更为坚实和完善,民众可以享受到多层次的经济保障,不至于因优胜劣汰的市场退出机制而陷入经济窘迫的情况,从而支持市场退出机制的完善。

(3)支持市场调控政策的实施

市场经济的稳定健康运行需要调控政策的有效实施。从国际实践来看,发达国家在市场调控的过程中广泛引入保险机制来提高调控效率。美国医疗责任保险等行业责任险的广泛覆盖就是代表案例之一,美国医疗机构面临着大量复杂的医疗责任风险,如果没有相关调控政策予以支持会对医疗产业带来巨大的发展阻力,甚至造成医疗资源的紧缩,而单靠政府来保障可能产生巨大的财政压力。因此美国广泛引入医疗责任保险来保障医疗产业的稳定发展。美国在1890—1900年间就开始尝试引入医疗责任保险,并逐渐建立了多层次医疗责任保险体系。美国各州不同的保险公司都有适应该州情况的医疗责任保险保单,美国的佛罗里达、科罗拉多等州已经将医疗责任保险规定为法定强制险,医生要执业必须投保医疗责任保险。保险公司对参保的医务人员建立包括个人身份、学历、实习与工作地等信息的详细个人资料,并根据对医生业绩的评估实施差异化费率。例如业绩好的医生的保费可以减至医疗服务费用的4%,而业绩差的可能会提高到15%左右甚至拒绝承保(这往往意味着医生职业生涯的结束),从而激励医生主动提高医疗水平。在医疗责任保险的支持下,美国对医疗行业的调控政策得到了有效保障,美国医疗行业也拥有了良好的发展环境。

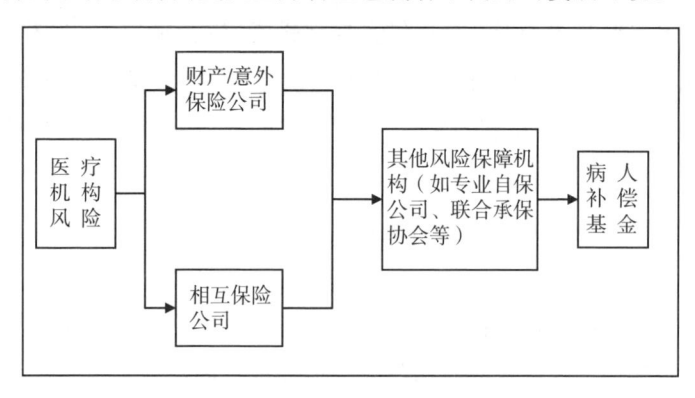

图4—1:美国多层次医疗责任保险体系

不仅在医疗行业,发达国家的保险业还为会计师、工程监理等行业提供行业责任保险,例如澳大利亚对建设工程职业责任保险实行强制保险制度,在法律上要求监理企业及其从业人员在进行工程设计和监理时必须购买保险,从而使工程监理业得到稳定发展,也使国家对工程监理业的调控政策得到有效实施。

发达国家政策性出口信用保险对外贸政策的支持也是一个代表案例。为了实施外贸政策、鼓励外贸发展,发达国家普遍成立政策性出口信用保险机构来对出口信用风险进行保障,例如成立于

1919年的英国出口信用担保局,以及加拿大的出口发展公司、法国的科法斯公司、日本的通产省贸易管理局进出口保险课等。后来发达国家又开始推动出口信用保险的商业化进程,例如1994年法国对科法斯进行了商业化改革,将其由政府控股转型为民营上市公司,2001年日本将出口信用保险业务转移给了独立于政府的NEXI公司(Nippon Export and Investment Insurance)等。这些改革使商业性信用保险逐步成为出口信用保险体系中的主体,政策性保险则主要承担商业性保险不愿或无力承担的政策性风险或中长期项目,从而建立了多层次的出口信用保险体系。商业保险的参与提高了出口信用保险的经营效率,减轻了政府的经营压力,并促进了出口信用保险产品的创新升级,使国家外贸政策得到了更好的贯彻实施。

2. 助力经济结构转型升级

我国正处于改革深化期,经济结构转型升级是我国面临的重要课题,从国际经验来看,保险机制能够有效推动战略性新兴产业的发展,助力经济结构转型升级。

一是为新兴产业提供风险保障,降低其生产经营过程中的不确定性。特别是保险业通过科技保险产品,为高新技术企业提供财产损失、营业收入、法律责任、人员意外等多方面的风险保障。以发达国家的知识产权侵权责任保险和知识产权财产保险(或称专利侵权责任保险和专利权保护保险)为例,这些险种在被保险人对侵权人提出指控的诉讼费用、应对专利侵权指控的诉讼费用、提起反诉的诉讼费用、证明专利无效而在专利局提起专利再审的费用、第三人对被保险人提出的损害赔偿等多个领域提供保障,它对市场主体特别是中小公司保障自身专利权和有效抗辩侵权指控非常重要，使中小公司不会因资金压力而屈服于经济实力雄厚的大公司或者被迫负担巨额的许可使用费，成为中小科技公司的防护盾。同时，保险业还会针对新兴产业的特点提供契合其风险需求的保险组合产品，如丘博保险公司为生命科学行业提供包括财产和营业收入保险、一般责任保险、失误与过错保险等产品的一揽子保险。

二是通过产业保险联结产业金融等方式推动战略性新兴产业、科技创新企业的发展。例如美国农业保联结农业金融体系，使美国农业信贷资金的来源有充足的保证，令美国农业的发展创新有了坚强的后盾。保险机制的引入还使美国农业金融体系相对非农金融体系要稳定得多，风险性也比较小。正是由于美国建立了完善的农村金融体系、农村保险体系，以及与金融相关的法律体系，使得美国的农村金融市场在金融危机中并没有受到太大的影响。再比如发达国家保险业对风电、太阳能等绿色能源产业提供覆盖科技研发、投产生产、产品质量、产品交付等领域的一揽子保险，确保其获得稳定的投资回报，并和投资机构合作为相关项目进行融资，投资机构也会主动向已投保的项目提供资金，或者主动要求项目购买保险。例如达信为太阳能产业提供的营业收入保证保险，确保项目所有人和运营商保持营业收入稳定，支持其进行项目融资。同时，保险还通过直接投放保险资金的方式来支持科技创新企业。据有关文献，保险资金在发达国家科技活动中得到了广泛运用，占创业风险投资基金的比重约15%[1]。

---

[1] 邵学清："科技保险的必要性与可行性"，《中国科技投资》2007年第9期。

三、社会治理领域

社会治理是国家现代化治理体系的重要组成部分,我国社会治理在历史上大多是以政府为主的单方治理,中国共产党十八届三中全会《决定》指出要"实现政府治理和社会自我调节、居民自治良性互动",显示出创新社会治理体制和发挥社会自治功能的改革趋势。从国际经验看,保险服务社会治理主要包括支持社会问题经济化,用经济方式化解社会问题,以及参与建设多层次社会保障体系与完善个人经济保障体系两大方面。

1. 支持社会问题经济化

从国际实践看,保险机制在社会治理领域的广泛引入可以有效实现社会问题经济化,从而有助于化解多种社会纠纷,减轻治理压力。发达国家普遍实施的机动车强制责任保险就是代表案例之一。以美国为例,早在20世纪初,由于汽车业迅速发展而引发大量交通事故并造成大量社会纠纷,为了解决这一社会问题,美国马萨诸塞州在1919年就通过立法强制要求机动车所有人必须提供保险单或者债券等担保形式,之后其他州也陆续响应。由于逐渐认识到责任保险的重要性,马萨诸塞州随后在1927年出台了"强制机动车责任保险法"(Compulsory Automobile Liability Insurance Law),开始实施强制机动车责任保险制度,至今为止美国绝大部分州都实施了强制机动车责任保险制度,每人的赔偿限额一般为1万到5万美元,每次事故的人身伤害限额一般为2到10万美元,每次事故的财产损失限额议案在5000到2.5万美元,并且随着经济发展,责任限额也在逐渐提高。保险为交通事故受害人提供了较为充分的保障,不至于因机动车方的经济赔偿能力不足而难以获得有效赔偿,使交通事故造成的社会纠纷通过经济机制得到了有效解决。不仅是美国,英法德日等发达国家都纷纷实施强制机动车责任保险制度来解决交通事故带来的社会问题,减轻国家治理压力。

另一个代表性案例是发达国家普遍实施的公众责任险制度,包括火灾公众责任保险、餐饮场所责任保险等。它能够使受害人获得及时有效的经济补偿,运用经济机制处理突发公共事件所造成的社会问题。如英国、日本、韩国、俄罗斯、瑞士等国家都规定,公共场所实施包括火灾责任的公众责任强制保险制度,公众责任险已经成为一项公认的具备社会管理功能的险种,被公众普遍接受和运用。据有关文献统计,国外保险赔偿火灾事故损失的比例达60%以上[①]。

2. 参与建设多层次社会保障体系,完善个人经济保障

从国际实践看,保险除了保障社会治理机制完善之外,还参与到多层次社会保障体系中,直接推动社会保障水平的提升,并通过商业养老保险、家庭财产保险等产品完善个人经济保障。

一方面,保险在国际上广泛参与社会保障体系,推动社会保障体系运作效率提升,提供更为多元化和高水平的保障。早在19世纪20年代,美国政府就通过工伤赔偿、健康保险、失业保险等机制保护广大工人群体,保险机制对社会治理的参与为后来建立起完善的社会保障体系打下了基础[②]。之后商业保险对社会保障体系

[①] 张祖平:"推行火灾公众责任强制保险是民生所需",《中国保险》2011年第8期。

[②] John Herrick:"美国进步时代:变革社会中的社会政策创新",《公共行政评论》2008年第4期。

的参与更有效支持了其服务效率的提升,使社会大众享受到更优质的公共服务。英国的商业保险参与社会医疗保障体系就是一个典型的以市场化机制提升社保服务效率的案例。英国的国民健康服务体系 NHS 以覆盖面广、公平性强的全民免费医疗而闻名全球,但是完全依赖政府的单方管理也造成了医疗效率低下、整体供应能力不足、医护人员工作积极性不高等弊病。例如做一个膝关节置换手术可能要等待 4—6 个月,严重影响了服务质量,而且不断上涨的医疗费用也给财政造成了巨大的资金压力。英国政府在面对社会医疗保障危机时,采取了政府外包服务采购、引入商业保险机制、增加医保资金投入等举措,鼓励私人资本和商业机构参与大众医疗服务,允许符合资质的商业保险公司为国民健康服务体系提供管理服务,不仅鼓励本土保险公司参与,还引入美国安泰、美国联合健保等国际专业健康保险公司参与政府服务采购。这些商业保险公司从评估规划、承保采购、绩效管理、解决与审查、病人及公众参与等五个方面提供高质量和高效率的健康保障服务[1]。在引入商业保险机制之后,英国民众的医疗选择权得到扩展,获得的健康服务质量得到提升,而且财政资金也获得了节省。相关研究表明,英国政府于 2007 年在 PCT(初级卫生保健基金 Primary Care Trust)中全面推荐采用"服务外包"[2]后,引入服务外包的 PCT 管理能力明显增强,这些地区病人等候时间明显缩短,患者的就医选择

---

[1] 杨星:"商业健康保险参与社会医疗保障体系管理和服务的国际经验与思考",《中国保险》2009 年第 11 期。

[2] Framework for procuring External Support for Commissioners, FESC,是由英国卫生部认定 14 家商业医疗保险公司具有为 PCT 提供管理服务的资格,提供政策咨询评估、承担一定的基金管理职责等服务。在确保居民能够享受到数量充足、质量优良的医疗服务前提下,保险公司可以从节省的基金中提取一定比例作为管理收入。

权得到保证①。英国的实践充分表明了商业保险在将市场机制引入政府治理方面的重要作用,有效助力政府治理效率的提升。不仅是英国,在其他发达国家也广泛借助商业保险机制改进公共服务效率和质量。例如美国的商业健康保险公司创造了管理式医疗服务,将健康保险与疾病管理、健康服务相结合,能够有效提高人群健康水平、降低医疗费用支出。荷兰的全民医疗保险由 20 家左右的私人保险公司分别经办,引入市场竞争机制提高服务效率②。目前,保险机制已经在世界范围内展现出服务建设有为政府的重要功能。

除社会医疗保障系统提供的基本医疗服务之外,商业保险还为拥有足够经济能力的消费者提供更快捷、更优质、更多样的医疗服务,增加了消费者的选择面,也减轻了社会保障体系的负担。美国商业保险公司参与 Medicare 和 Medicaid 体系就充分体现了保险机制在社会保障体系中的积极作用。美国不仅通过税收优惠等政策鼓励和扶持商业医疗保险的开展,而且在政府医疗保障计划中注重运用商业保险公司的力量来提高效率、降低成本。商业保险公司提供的 Medicare Advantage 产品,不仅覆盖政府 Medicare 保障项目,而且还涵盖不同附加保障项目,为公众提供了更为多样化的选择,扩大了保障范围,控制了医疗费用,受到社会大众的欢迎。保险公司还通过投资养老、健康等产业实现产业链整合,为公众提

---

① 佚名:"商业保险参与医疗保障管理的经验及启示",财政部网站:http://www.mof.gov.cn/mofhome/shehuibaozhangsi/zhengwuxinxi/diaochayanjiu/201003/t20100311_275453.html。

② 王德平:"荷兰英国医疗保障模式对我国统筹城乡医疗保险的启示",《四川劳动保障》2011 年第 9 期。

供效率更高、质量更优的保障服务。如英国保柏集团是英国最大的健康保险机构,除商业健康保险以外,保柏集团还经营养老院、医院和健康体检中心等。2005年,保柏集团投入1.15亿英镑用于改善医院和建筑设施、发展疗养院系统及升级[①]。在日本,生命人寿相互保险公司和明治安田生命保险公司也分别通过向收费养老机构投资,为民众提供优质的养老服务。诸多国际案例充分表明了商业保险机制对社会保障体系的重要作用,商业保险已经成为民众生产生活的保障支柱。

另一方面,保险机制有助于促进个人经济保障体系建立,改善个人经济环境,减轻政府和社会在管理和救助的压力。纵观发达国家,公众普遍购买商业保险作为自我风险规划的安排,提升自身的保障水平,保险已成为发达国家大众生活中不可或缺的工具,例如在许多发达国家,家财险的普及率都达到80%左右。根据麦肯锡的调查报告,日本人均保单在5张以上。欧美一些国家人均保单数甚至超过十张,西方国家人均直接保费缴纳额每年高达3000美元以上[②]。保险对个人生活的深度渗透使得公众对自己的经济环境有着充分的信心,也使居民自治有着坚实的经济基础,在面临损失的时候能够及时获得保险赔偿。发达国家民众在遭受自然灾害或意外事故时的第一反应就是自己是否投保了相应的险种,能够获得多少赔偿,从而减轻政府和社会救助的压力,保障了社会治理体系的稳定。

[①] 韩冬杰:"保险公司参股与建立医疗机构的现状分析",《卫生经济研究》2011年第7期。

[②] 佚名:"保险改变我对人生看法,发达国家人均保单超5张",新浪网,2007年6月18日。

四、生态文明治理领域

生态文明关系人民福祉和民族未来,十八大把生态文明建设纳入中国特色社会主义事业五位一体总布局,三中全会《决定》首次确立了生态文明制度体系。从国际经验看,发达国家很早就开始重视生态文明建设,宣扬可持续发展,并且充分利用保险机制来支持生态文明治理。保险通过不确定性管理的比较优势和引入市场化机制,能够有效服务生态文明治理,提升治理效率。

第一,保险通过量化生态破坏风险大小,实现非经济现象经济化、隐性成本显性化、外部成本内部化,通过费率杠杆督促被保险人提高环境保护行为水平,并作为在政府和环境责任主体之间的"第三只眼",参与环保水平监控,提高防治能力。在国际保险市场,保险公司与企业签订环境责任保险是有条件的,在对排污企业进行保险前,一般都会对企业的资质、业绩、技术能力、风险状况等进行深入调查,从而确定污染危险等级,由此做出承保、拒保或调整保费的决定,使企业的环境风险直接体现为货币形式的保费成本,从而促使企业主动提高污染防治水平。有研究指出,一项关于《1969 年油污公约》的船舶油污强制责任险实施以来,船舶油污事件发生概率,近 40 多年来在逐步下降。在加拿大,1993—2006 年,强制投保的油轮发生污染事故的概率为 7.5%,而非强制投保的非油轮类发生污染事故的概率为 75.5%[1],这一指标充分体现了保险

---

[1] 彭真明、殷鑫:"论我国生态损害责任保险制度的构建",《法律科学(西北政法大学学报)》2013 年第 3 期。

通过外部成本内部化对降低污染事故概率的贡献。同时保险公司在签订环境责任保险合同后,为降低赔付率,一般都会派遣专业团队对被保险人的环境风险进行控制和管理,并通过等级划分、费率浮动等措施督促投保人做好预防工作。在保险公司的督促下,企业会更多采用高新环保技术,提高污染防治能力,降低环境污染水平。例如在法国环境污染责任保险中,为了达到防灾减损的环保目的,保险公司会对投保企业进行环境风险审查,鉴定投保企业是否履行了合同约定的环保义务。法国还设置了专门的技术委员会,负责审查投保企业的环保状况[①]。

第二,保险机制能够确保被侵权人及时获得赔偿,减轻被保险人赔偿压力和政府财政负担,缓解环境问题引发的社会矛盾,提升企业风险抵御能力和可持续发展水平。发达国家在经历了环境事故的教训之后,普遍建立了环境责任保险制度,确保环境事故造成的重大损失能够得到有效赔偿,民众权益得到有效保障。例如美国、瑞典、芬兰、日本建立了强制环境责任保险制度,德国、意大利、荷兰等国家建立强制保险与财务保证相结合制度,英国、法国等国则以任意责任保险制度为主。人身财产损失、纯财务损失、间接财务损失都被纳入发达国家环境责任保险的赔偿内容,从而使环境事故受害人得到充分的保障,有效解决了相关社会问题,并减轻了企业赔偿压力和政府财政负担。在经过数十年发展后,发达国家环境责任保险范围逐渐扩大,责任范围细分度逐渐深化,对重大环境风险领域的保障也越来越全面,还出现了多种创新型环境责任

---

① 雒立旺:《我国环境污染责任保险发展问题研究》,河北经贸大学博士学位毕业论文,2013年,第15页。

保险产品。例如美国的环境责任贷款人保险、费用上限保单等创新产品,就发挥了代替环境评估报告、提高贷款证券化产品的评级、保证贷款人能够收回贷款、促进地产交易达成等作用。环境保险产品已经不再局限于管理环境风险,还融入了投保企业的整体经营风险和财务风险管理体系,并开始从污染严重行业扩展到其他行业。在国际上,保险已经成为提升企业污染风险抵御能力、减轻政府和社会负担、推动生态文明制度完善的重要工具。

表4—3:部分国家环境责任保险制度[①]

国家	保险制度开始时间	相关法律制度	法律规定简述
美国	20世纪60年代开始	《资源保全与恢复法》、《清洁水法》等	针对有毒物质和废弃物的处理可能引起的损害责任推行强制责任保险,环境责任保险也是工程保险的一部分,在涉及环境保险的情况下如果未投保,则不能取得工程合同。
瑞典	1969年开始强制保险	《环境保护法》	依法从事需要许可证和审批业务的人或组织,应当按政府或政府制定机构制定的价目表交纳保险费。
德国	1991年后实行强制环境损害责任保险与财务保证相结合	《环境责任法》	列入特定名录设施的经营者必须采取责任保证措施,包括与保险公司签订损害赔偿责任保险合同,或由州、联邦政府、金融机构提供财务保证或担保。

---

① 根据以下文献整理:游桂云:《环境责任保险模式选择与定价研究》,中国海洋大学博士学位毕业论文,2009年;杨辉:"欧洲环境责任保险法律制度审视及启示",《中国保险》2010年第3期;雒立旺:《我国环境污染责任保险发展问题研究》,河北经贸大学博士学位毕业论文2013年;陶卫东:《论中国环境责任保险制度的构建》,中国海洋大学博士学位毕业论文,2009年;游桂云、张连勤:"西方国家环境责任保险制度比较及启示",《上海保险》2008年第2期。

（续表）

法国	自愿保险为主	《法国环境法》	在油污损害赔偿方面采用强制责任保险制度
英国	以自愿保险为主		油污损害责任保险和核反应堆事故责任保险是强制的。
日本	1973年10月在民事责任基础上建立了强制环境损害赔偿保障制度	《公众健康受害补偿法》	只针对大气污染和水污染两种情况，补偿范围限于人身损害，除了常规的医疗费用等费用外，还要对精神损失和误工损失等进行补偿，是一种类似社会保险性质的保障方式
印度	1991年开始，环保基金与强制责任保险结合	《公共责任保险法》	对于处理"危险物质"的有关单位，如果是政府和国有公司，实行环境保险基金制度；如果是普通商务公司，则强制要求投保环境责任保险。1992年3月公布的《适用公共责任保险法的化学物质名录和数量限值》列举了5组共182种"危险物质"的种类和各自的保险起征数量。

第二节 建设保险型社会服务国家治理转型的历史实践——以美国贯穿于进步时代和黄金时代的国家治理转型为借鉴

在建设中国保险型社会服务国家治理现代化的过程中，不仅需要深入分析我国自身的改革背景与需求，也需要从实践层面充分借鉴国际经验。美国进步时代的国家治理转型背景与我国当前改革背景极具相似性，美国在进步时代的治理转型及第二次世界大战后在黄金时代建设保险型社会服务国家治理的历史进程,能够为我国建设保险型社会助推全面深化改革、服务国家治理现代化提供宝贵的借鉴。

一、我国国家治理现代化与美国进步时代国家治理转型的背景高度相似

美国进步时代是指在1890年至1920年,美国社会活动和改革繁荣的一个时期。美国在这一时代实现了传统农业社会向现代工业社会转变,以及城镇化的过程。其改革举措涵盖了政治、经济、社会多个领域。多位学者指出美国进步时代的国家治理转型背景与我国当前经济社会背景极具相似性,可以概括为以下几点:

一是社会都处于财富的快速增长期。19世纪末美国已经是工业国家中的领袖,是地球上最富裕的国家。20世纪初,美国制造业生产总量超过了英国、德国和法国三个国家的总和。从1978年到2013年,我国国内生产总值由3645亿元增长到56.88万亿元,年均实际增长约10%,是同期世界经济年均增长率的3倍多,我国经济总量在2010年上升为世界第二。

二是社会均处于快速的工业化进程。进步时代巨大的工业增长使美国迅速从一个农业国转变成一个工业大国,而我国在改革开放三十多年后也已经从农业大国转变为工业大国。1900年,美国工业产值已经是农业的两倍,到20世纪初,美国制造业的生产总量超过了英国、德国和法国三个国家的总和。我国在2011年工业生产总值已经达2.9万亿美元,超越美国成为头号制造国。

三是社会都处于快速的城市化进程。美国进步时代开始时有

35%的美国人居住在城市,到了1900年这一比例上升到39.7%,到1920年已高达51%。我国在1996年城镇人口比重突破30%,2012年进一步提升到52.57%。但我国城镇化也存在数据失真的问题,最突出的表现是有两亿多被统计为城市人口,但并未享受城市福利的农民工。因此在城市化进程中,我国与美国进步时代前期水平相当。

四是社会都迫切需要治理转型。美国进步时代治理转型和我国治理现代化,重点都是政府、市场和社会权力边界的再确定。美国的权力配置是从"管得最少的政府是最好的政府"向增加政府权力的方向进行转型,我国则是从全能型政府向有限有为政府的方向进行转型。虽然二者的转型存在着一定程度的方向差异,但是目标和内容是一致的,都是合理地确定权力的范围和边界,为权力的行使确定法律和制度依据。

因此,虽然美国进步时代背后的症结与我国当前有所不同[①],但具有相似的社会转型背景和治理转型情景,决定了美国进步时代治理转型对我国当前的国家治理现代化具有重要启示。

二、美国在进步时代时期开始积极发挥保险对国家治理的服务作用,为未来保险型社会的全面建设奠定基础

1. 美国进步时代治理转型与保险型社会的服务目标相一致

美国进步时代面临员工保障、食品药品安全、环境保护、公共卫生,以及垄断经济、政府贪腐与不作为等一系列问题。这些问题究其

[①] 美国进步时代的症结之一实质上是国家治理过于自由放任和垄断市场经济产生迫切治理需求之间的矛盾,而我国当前的症结之一是政府对经济社会干预过多,市场治理和社会治理边界过小。

本质,是仍停留在 18 世纪的旧国家治理模式与工业化、城市化和现代化突飞猛进的美国社会日益不相适应所造成的。这些问题造成了美国经济社会在多个领域的高度不稳定性,民众的权益难以得到合理的保障,经济社会运行成本高昂。基于这一现实情况,美国进步时代时期治理转型所需要实现的目标主要体现为,为社会变迁中的民众提供安全和保护,使民众不必因工业化、城市化带来的大量新风险而陷入经济窘迫或不安全的状态,保障经济社会的稳定运行。这与保险型社会服务国家治理现代化的目标是一致的,保险型社会强调在保险机制的全面保障下,各类风险得到有效管理,经济社会和谐有序,经济社会运行转型存在的不确定性得到有效降低。因此,建设保险型社会高度契合美国进步时代的治理转型需求,保险型社会应该能够为进步时代的美国国家治理转型提供关键支撑。

2. 保险在进步时代积极参与国家治理转型,为保险型社会建设奠基

美国在进步时代伊始在经济社会发展所面临的诸多问题,推动美国在进步时代开始实施国家治理转型,包括强化对弱势群体的保护、加强宏观调控、构建环境保护和食品安全体系、推进政府自身改革等内容。保险作为一种重要的治理方式,积极参与到国家治理转型中,主动承接经济社会运行转型所产生的风险。格兰特(Grant,1970)指出,经过 1885—1910 年间的发展,美国人身险和火险(Life and Fire Insurnace)在美国社会生活中的重要性基本达到 20 世纪 60 年代所具有的水平。保险在进步时代服务国家治理的主要作为可以概括为社会保险和商业保险两大领域。

一方面,在社会保险领域,进步时代时期的社会保险体系开始初步形成,社会保险成为国家治理中的重要组成部分,而且保障程度实现质变,为现代社会保险体系的完善奠定基础。

由于第二次工业革命完成,在生产力得到极大提升的同时,经济发展对社会劳动力所提出的要求也越来越高,需要大量有一技之长的技术工人来从事新涌现的复杂工作。进步时代快速的工业化进程,产生了新兴工人群体和新的经济社会风险,而纯商业保险机构对新人群和新风险的有限保障供给能力无法满足巨大的社会保障需求,由此形成美国第一次保险发展危机(段开龄 1996),危机的化解则以政府运作保险机制来实现工人及其家庭的经济安全,化解其因工伤、死亡导致收入损失和医疗成本风险。1911 年美国建立了工人补偿制度(Workmen's Compensation System,也称工人赔偿保险,实质是社会保险),为工薪阶层提供迫切所需的经济安全保障,为美国工业化进程顺利推进提供重大保障。而且,进步时代时期的社会保险已经开始从关注劳动者、被救助者等人群的基本生存问题,升级到养老、健康、教育等领域,致力于通过社会保险来提高国民素质,保障国民生活水平,促进社会安定和经济发展。例如 1915 年阿拉斯加州首次提出了老年雇员退休金法,1923 年蒙大拿州颁布了老年雇员退休金法,1932 年威斯康星州首次提出了失业保险金法案等,到 1933 年已经有 28 个州推出老年雇员退休金制度。到 1935 年,美国在大萧条环境下颁布《社会保险法》,规定了老年人保障、失业保障、未成年儿童保障和残疾人保障等内容,正式建立了现代社会保险制度。因此,正是进步时代时期美国各州在社会保险体系方面的积极尝试,造就了美国后来成熟的社会保险制度,在大萧条时期有效缓解社会矛盾,保证了恢复社会生产所需的大批劳动力,更是为第二次世界大战后美国社会保障体系的全面发展打下了良好基础。

另一方面,在商业保险领域,进步时代时期的商业保险开始从传统的火灾等领域向其他领域探索,保险的治理能力崭露头角,为后来保险全面渗透经济社会各个领域奠定基础。

一是保险业显著拓宽了保险的服务对象和服务领域,提升了风险保障范围和保障程度,推动保险对经济社会进一步渗透。首先,保险将非寿险精算技术的应用从传统火灾保险拓展到责任、健康、劳工赔偿等其他领域,在技术层面解决了保险的局限性问题,显著提升保险服务国家治理转型的专业技术和能力。1890 年后至 20 世纪初,美国非寿险精算进入了发展的第五个阶段,此时美国对非寿险精算费率的厘定已从火灾保险拓展到其他险种,例如 1896 年,美国引入残疾人保险(Disability Insurance)并首次签单,拓展了寿险的服务领域[1];1912 年美国首次引入了团险(Group Insurance,实质是团体方式销售的人身险),使得大量原本无法满足一般人身险的收入、年龄等条件要求的群体得以获得人身险保障[2]。1897 年,旅行者保险公司签发了美国首张汽车险保单;1901 年,美国出现现代意义上的汽车第三者责任险;在 1910 年前后,美国保险业先后尝试推出产品责任险、医疗责任保险,用以分散企业或行业所面临风险;1919 年,旅行者等多家保险公司已开始开展航空领域的保险业务[3]。其次,依托精算技术的发展,保险业开始尝试推出具有正外部效应的准公共产品,包括信用保险、健康保险、农业保险

---

[1] Johnson, H.J. (1947), A Broadened Public Responsibility, in K.Tuan(ed.), *Modern Insurance Theory and Education*, Volume 1, Varsity Press, 1972.

[2] Tuan, K. (1971), The Second Insurance Revolution, in K.Tuan(ed.), *Modern Insurance Theory and Education*, Volume 3, Varsity Press, 1972.

[3] Sweenry, S.B. (1932), Tendencies in the Aviation Hazard, in K.Tuan(ed.), *Modern Insurance Theory and Education*, Volume 1, Varsity Press, 1972.

等新产品,以满足当时经济社会对风险保障的新需求。在 19 世纪末到 20 世纪初,美国商业保险公司开始尝试经营农业保险,并为木材场主和木材场工人提供医疗服务,这为后来的蓝盾计划提供了雏形。再次,保险业开始对已有产品进行标准化和规范化,以扩大保险产品的通用性和适用性,使保险产品易于被美国民众所接受。1873 年美国马萨诸塞州首先制定了标准火险单并于 1880 年以州立法规定必须使用标准火险单。在此基础上,1918 年全国保险监督官会议颁布了著名的纽约标准火险保单第一版。

二是在精算技术发展支持下,保险业开始尝试通过保险机制来实现社会问题经济化,减轻国家治理压力,而美国政府也开始主动运用保险机制实施国家治理。在这一过程中,保险业不断强化其"社会"属性,治理功能日益突出。首先,保险业开始通过雇主责任险等产品为工人提供赔偿,化解劳工权益保障这一重大社会问题。1889 年,美国保险公司推出责任险产品。随着《员工赔偿法》于 1911 年的制定,承保法定责任的保单也开始出现,通过保险化解因员工保障不足导致的社会矛盾和纠纷,助推《员工赔偿法》的实施,减轻政府和雇主的管理压力。在 1917 年,美国政府还为所有参加第一次世界大战的军人提供一项人均一万美元保障水平的战争风险保险(War Risk Insurance),全国总保障额度为 390 亿美元[①]。其次,美国开始推行汽车强制责任保险,以保险机制解决交通事故造成的日渐凸显的社会问题。1897 年,旅行者保险公司签发了美国首张汽车险保单。1901 年,出现现代意义上的汽车第三

---

① Johnson, H.J. (1947), A Broadened Public Responsibility, in K.Tuan (ed.), *Modern Insurance Theory and Education*, Volume 1, Varsity Press, 1972.

者责任险。1925年马萨诸塞州起草了强制汽车保险法,并于1927年颁布实施,美国在全球率先推行汽车强制保险,强制责任保险制度堪称商业保险参与社会治理的里程碑事件,它代表了国家司法体系对保险治理功能的认可和推广。再次,美国保险业于1910前后,先后尝试推出产品责任险、医疗责任保险,用以分散企业或行业所面临风险,以保险机制化解因意外事故导致的风险损失和社会纠纷。

三是保险业开始着力解决自身存在的内部问题,提高服务国家治理的能力。在20世纪初,美国纽约州对保险业进行了两次详细的调查,调查发现,保险业问题重重。其中,诚信问题因呼声最多而名列榜首。公众普遍认为,保险公司的销售人员在推销保险时,夸大其词,没有诚信,忽视投保人利益。更有甚者破产倒闭,使保单持有人利益遭到严重损害等。针对上述调查情况,美国保险业采取一系列措施,例如美国保险行业针对当时销售人员的销售误导行为、经营过程中忽视投保人利益的行为、因经营不善导致被保险人无法获得及时赔付等突出问题开展自我调查和自我改进,以政府监管与行业自律相结合为主要方式,强调经营管理过程的规范性和对消费者权益的保护,并用心经营诚信企业文化,使保险业经营管理能力得到显著提升,同时行业形象也有了明显改善,服务国家治理的能力得到明显改善。

四是一些大型保险公司在进步时代及其之后的一段时期陆续成立,例如1912年利宝互助保险集团成立,1922年州立农业保险公司成立,1926年美国国际保险公司(American International Underwritings, AIU)在纽约成立,1931年好事达保险公司成立,1937年前进保险公司成立等,进步时代及其之后一段时期成立的这些大型保险公司成为后来美国保险市场的中坚力量和领先主体,为商业保险的发展和成熟奠定了基础。

综上可见,保险在进步时代服务国家治理的种种举措,使经济社会的大量新风险得到了有效管理,提高了经济社会运行的稳定性,并且提高了保险技术的应用领域,拓宽了保险的覆盖范围。从发展成绩看,到1904年年初,美国共有有效简易人寿保险(Industrial Insurance)保单1462.5万份[1];当年美国90家人寿险公司的总收入(包括部分投资收入)达到6.1亿美元,超过美国政府当年财政年度的总收入[2]。到1914年,美国火险公司(保费收入4.3亿美元)、人身险公司(保费收入8.83亿美元),加上其他险种机构的保费收入后,行业总保费收入突破14.85亿美元[3]。

进步时代是美国"保险型社会"的奠基时代,是美国社会保险和商业保险制度走向成熟所必不可少的关键时期,也是保险机制向经济社会全面渗透的准备阶段,正是由于进步时代时期在保险领域的探索尝试,推动了保险产品服务、经营管理的创新,进而推动了保险的治理能力的提升,为美国后来特别是第二次世界大战之后的黄金时代中社会保险和商业保险走向成熟、在国家治理中发挥重要作用、全面建设保险型社会奠定了坚实基础。

---

[1] Dryden, J.F. (1914), Social Economy of Industrial Insurance: Its History in England and America, in K. Tuan (ed.), *Modern Insurance Theory and Education*, Volume 1, Varsity Press, 1972.

[2] O'Donnel, T. (1936), Condition of life Insurance in the United States on Eve of Armstong Investigation, in K.Tuan (ed.), *Modern Insurance Theory and Education*, Volume 1, Varsity Press, 1972.

[3] Potts, R.M. (1917), The Altruistic Utilitarianism of Insurance, in K. Tuan (ed.), *Modern Insurance Theory and Education*, Volume 1, Varsity Press, 1972.

三、美国在进步时代时期对保险的社会重要性认识不足与缺乏顶层设计,导致美国保险型社会建设过程漫长,保险的治理作用未能迅速释放

进步时代以来的国家治理转型,客观上对建设保险型社会提出了需求,美国保险型社会建设的总体格局也在此期间初步显现。同时,保险通过积极参与国家治理转型,提升国家治理与经济社会发展的匹配度,在降低社会运行转型成本方面做出了重要贡献。但是由于美国政府在进步时代对社会问题的处理往往是就事论事,整个转型过程呈现出无规划性和非体系性的特点,这种改革逻辑使保险对国家治理的服务呈现出"头痛医头、脚痛医脚"的碎片化状态,未能充分发挥全面制度供给的能力,再加上当时美国社会对保险的社会重要性认识不足,小政府理念下的国家也未能事先作出顶层设计,政府对保险业的支持程度有限,保险型社会建设滞后于国家基本制度建设。进步时代后期,改革引领者威尔逊的去世、老罗斯福的离职,第一次世界大战对美国政府注意力的吸引,导致保险型社会雏形未能继续成长发展,保险型社会未能全面成型,保险作为一种重要治理方式的重大作用也未能全面释放。

如农业保险,虽然保险业在1939年之前就积极参与农业风险保障,但由于政府重视不足,农业保险一直处于"私营单轨制"时期。此前多家尝试开办农业保险的私营保险公司从1889年开始也先后都归于失败。因此,整体而言,美国进步时代保险业的演进是一种自下而上的、源于市场需求的发展过程,来自政府的自上而下的推动较少。

美国进步时代所构建的保险体系框架虽然有效增强了美国社会经受1929年经济危机考验的能力。但是保险型社会构建的停

滞,使美国社会的风险管理能力不足,成为美国难逃经济危机厄运的原因之一。在1929年经济危机后,罗斯福在1935年的国情咨文中提出,为"美国所有的男士和妇女儿童提供保障"将是他的"首要且长期任务"①。自此,美国政府一方面继续加快推进保险机制的运用、大力建设社会保险,另一方面强化与商业保险机构合作,提升商业保险覆盖领域和服务能力,提高保险参与国家治理水平。危机后的美国政府直接推动出台了多项重要政策性保险或建立相关保险机构,包括1935年国会通过的《社会保障法》,开始建立较为完备的社会保障体系。1938年颁布《联邦农作物保险法》,开启四十年的农业保险"国营单轨制"时期。老年人保险、失业保险、共同抵押保险(Mutual Mortgage Insurance)等项目相继引入,社会保险开始和私人保险共存等。但是,经济危机时期建设保险体系、构建保险型社会并不是一个最佳的时机,如社会保险体系的构建对于经济反而会有收缩效应。因此,美国大萧条后的保险型社会建设并未进入建设高峰期,主要局限于政府主推的若干政策性保险建设。而危机后的宏观经济长期处于缓慢的复苏阶段。

四、在进步时代基础上,美国在第二次世界大战之后以"黄金时代"为代表的时期开始着力建设保险型社会服务国家治理转型,保险的不确定性管理和全面制度供给能力逐渐得到充分发挥

1. 美国在第二次世界大战后开始着力推动保险型社会建设

面对大萧条所带来的经济危机与社会矛盾,罗斯福新政加强

---

① Horan, C.D., *Actuarial Age:Insurance and the Emergence of Neoliberalism in the Postwar United States*, University of Minnesota, 2011.

国家对社会经济生活的干预,改变小政府状态。第二次世界大战之后美国开始高度重视保险在服务国家治理方面的作用,并通过顶层设计与保险业自下而上的双重驱动,使保险的不确定性管理和全面制度供给能力逐步得到充分发挥,集中体现在"黄金时代"前后时期。

美国黄金时代一般是指在第二次世界大战之后的20世纪50—70年代。第二次世界大战后美国经济实力骤然增长,成为资本主义领军国家,在完成了由战时经济向和平时期转变之后,美国经济从20世纪50年代起在上述优势地位的基础上进一步持续增长。1955—1968年,美国的国民生产总值以每年4%的速度增长,稳定的经济增长使得美国民众享受着充分的就业和较快的工资增长,许多工人进入了中产阶级生活方式,家庭生活水平快速上升。在坚实的经济基础上,美国将发展重心逐步转移到国家治理体系的改进升级,将更多的资源投入到保险型社会建设上来。在进步时代保险型社会奠基的基础上,美国在黄金时代为代表的时期开始在经济社会全面引入保险机制,完成了保险型社会的初步构建,从初创探索期进入了全面建设期,美国在这段时期对保险型社会建设的推动主要可以概括为如下五个方面:

一是在社会保险领域,美国在黄金时代全面发展社会保险,推动现代社会保险体系走向完善,社会保险成为国家治理的支柱性制度之一。

1935年《社会保险法》法律效用逐步发挥,美国在第二次世界大战结束后继续扩大社会保险的覆盖范围和保障程度,并在20世纪60—70年代实现了社会保险项目的齐备。首先,社会保险覆盖面得到极大扩展,1950年、1952年美国两次修改社会保险法,增加了1000万社会保险受益人,1960年得到这一法律保护的已达5800万人,到1980年约有三分之二的劳动者受到保护,实现了社会保险的广覆盖。其次,美国在养老、医疗、工伤等方面持续完善社会保险制度,形成了全面的现代社会保险体系。1965年美国通过医疗保险法,确立了老年医疗保险制度和医疗救助制度。1974年通过了《雇员退休收入保障法》并在之后陆续发布相关法案,引导雇主为其雇员建立补充养老保险制度,鼓励发展个人养老储蓄,建立多支柱养老保险体系。1970年,美国国会成立了州工伤保险法国家委员会,研究和评估各州工伤保险法是否提供恰当、及时和平等的补偿。1972年该委员会制订了一系列基本建议,规范了各州的工伤保险制度,在全国范围建立了以强制保险为主的工伤保险体系。还包括在1970年在中东发生世纪大劫机案后,美国联邦政府宣布将为经营国家航线的所有美国航空公司提供航空保险(Airlines Insurance),以抵御劫机产生的飞机损失。到20世纪中后期,美国政府已经为社会提供健康保险,年金、残疾、遗属等社会保险,军人团体保险,并且参与一些火灾和洪水的再保险。同时各州也有不同的残疾和收入维持保险等项目[①]。美国的社会保险项目在黄金年代已经基本齐备,现代社会保险体系走向完善。再次,美国政府投入社会保险的开支大幅增加,由1950年的21亿美元增至1976年的1196亿美元,提高了56倍,其中州政府开支由无到有,每年增加9.1%,大大快于同期国民经济增长速度,体现了美国联邦政府和州政府对社会保险体系的重视,而且这还是在美国国会

---

① Gordon, T.J. (1971), Can the Concepts and Institutions of Personal Insurance Survive Our Changing System, in K.Tuan (ed.), *Modern Insurance Theory and Education*, Volume 3, Varsity Press, 1972.

对由政府建立社会保险制度采取非常警惕的态度下取得的成就，可见美国已经充分认识到保险机制在国家治理中的作用。第四，在商业保险公司探索失败经验基础上，美国开办并完善了以政府单轨经营制为代表的农业保险制度，到黄金时代时农业保险制度已经实现顺利运作，积累了丰富的经验，为在滞涨时期之后引入商业保险公司，建立"双轨制"农业保险体系奠定了基础。

二是美国大力推动建立完善的保险市场体系，为建设保险型社会奠定能力基础。

一方面，美国推动保险市场形成健全的市场竞争机制，促使保险公司优胜劣汰，提升其服务国家治理的能力。美国准许设立股份保险公司等六种保险组织形式，并允许和鼓励保险组织形式的转化，使保险市场呈现出多样性、全面性、活跃性的特点，推动了保险市场体系的完善。同时美国注重保险市场竞争机制培育，鼓励市场化准入和退出机制，通过市场竞争，推动优秀保险公司不断发展壮大。另一方面，美国通过保险监管水平的提升推动保险业繁荣。美国在战后到20世纪60年代之前，对保险业采取较为严格的监管模式，保险费率受到普遍的管制，这种严监管方式推动了保险业的规范经营和健康发展。随着保险业经营管理体系的逐渐成熟、风险技术水平和费率厘定科学性的持续提升，美国开始放松对费率的监管，逐步过渡到市场化阶段，从而激励保险业开发更丰富更契合市场需求的产品，同时监管机构开始逐步放开对保险资金投资的限制，进一步推动了保险业的繁荣。之后美国的监管方式又演变为以偿付能力监管和市场行为监管为主，监管水平进一步提升，更有效地保障了保险业持续、健康、全面的发展。

三是通过法律政策方式为保险业发展创造良好的外部环境，

促进保险对经济社会的广泛渗透。

首先,美国对保险业实施优惠的税收政策推动其充分发展。美国对保险业的税收较为优惠,不仅税率低、税基窄,而且体现了效率和公平并重的原则。联邦政府通过分险种收税、保持保险业与银行业税收政策的公平性、对投保人实施税收优惠等方式,充分地发挥了财政税收的杠杆作用,促进了保险业的发展。例如在寿险领域规定寿险死亡给付金免缴个人所得税(分期付款的利息除外),生存者利益给付可以享受减税或延迟纳税的优惠,在产险领域规定对投保职业责任险的保费可扣减所得税、个人赔款所得一般不用缴税等。其次,美国通过颁布相关法规直接或间接推动保险的发展。如推广强制机动车责任保险法,建立强制机动车责任保险制度,有效保护了交通事故受害人权益,节约大量诉讼费用。颁布《产品责任法》、《食品安全法》、《食肉检查法》等法律,强化食品、药品等产品的安全责任,推动了食品安全责任险、药品安全责任险等产品的发展。

四是美国开始高度重视商业保险在国家治理中的作用,在多个治理领域实施相关政策,积极引入保险机制及商业保险公司参与治理,并以委托经办、风险共担、费用补贴等多种方式深化和商业保险企业合作,将保险作为"公共产品"向社会大众供给。

进步时代美国政府通过在工人赔偿领域引入保险机制有效化解了工人保障不足等社会问题,并认识到保险机制的重要性。第二次世界大战后美国开始逐步在多个治理领域系统引入保险机制来降低经济社会运行成本,并将部分工作委托给商业保险公司以提高运行效率,促进了商业保险和社会保险的紧密对接,商业保险的社会责任得到了更好发挥。例如美国在1965年建立Medicare和

Medicaid 等医疗保障制度，将保险机制全面引入到政府医疗保障体系中，为老年人、贫困人群等弱势群体提供医疗保障服务。为了减少运行成本，美国政府逐渐将管理式医疗服务、理赔审核、结算支付等工作委托给蓝十字、蓝盾组织及其他商业保险公司经办。蓝十字蓝盾还长期担任联邦医疗保障和联邦医疗补助的主承办单位，每年代表联邦政府处理近 9 亿笔医疗保险赔付，为近 500 万联邦政府公务员及其家属（占全部联邦政府公务员的 55%）提供医疗保险福利，成为世界范围内政府与商业保险机构成功合作的典范。另一个典型例子是洪水保险制度中对商业保险机制的引入，美国在 1968 年通过了《全国洪水保险法》，次年制定了《国家洪水保险计划》（NFIP），建立了国家洪水保险基金，1973 年 12 月，美国国会通过《洪水灾害防御法》，将洪水保险计划由自愿性改为强制性。到了 20 世纪 80 年代，联邦保险管理局（FIA）开始引入商业保险，保险公司以自己的名义为 NFIP 出售洪水保险，但不承担赔付风险，而是将售出的保单全部转给 FIA，按保单数量获取佣金，至 1986 年时已有 200 多家私营保险公司与 FIA 签约向社会提供洪水保险服务。这一模式既保证了洪水保险在全国范围的普及，又能充分利用商业保险公司的业务网络，实现了双赢。

　　五是保险业自身主动开始改革转型，提升服务国家治理的能力。

　　首先，美国大型保险公司开始在黄金时代走向成熟经营，普遍成长为金融保险集团，从单产品线公司向多产品线、全产品线公司模式转变，经营领域全面扩展，保险服务更新升级，为整个社会提供全面的风险管理服务，并将服务扩展到保险之外的金融和其他领域。如 AIG 经过了 20 世纪 50 年代的快速扩张和 60 年代的迅速发展,在1967年更名为美国国际集团,开始建立全球保险集团。州立农业保险公司在1951年与州立农业灾害保险公司合并,1961年又设立了州立农业人寿和意外伤害保险公司,1962年设立了为低价值财产提供保障的州立农业通用保险公司,并在非保险金融领域成立州立农业投资管理公司等。再如20世纪50年代之后好事达开始提供普通财产保险、责任保险,1957年好事达成立了人寿保险公司,拉开了集团化序幕。1960年好事达成立了事业公司,开始从事汽车金融、抵押银行、相互基金管理等非保险业务,之后又收购了第一国民公司和PMI抵押保险公司等。

其次,保险业积极推动风险保障文化在全社会的传播。保险公司雇佣各专业领域专家,以广告宣传形式向社会公众提供专家建议,教导人们将精算学应用到家庭教育、婚姻、财务规划、健康,甚至信仰等方方面面,指导美国民众走自我保障道路。保险公司非常注重将保险保障概念与美国的价值观、国家的未来等联系起来,把保险与权威、专长、利他主义等理念挂钩,把商业保险描绘为致力于捍卫美国价值观、"美国生活方式"和国家未来的行动,并积极参与具体教育活动,包括制作学校课程和教科书、公共健康小册子和其他健康文献,开发用于驾驶培训课程的模拟交通驾驶系统等①。这些广泛而有效的广告舆论宣传,使美国消费者行为得到重塑,也重新定义了公民、保障和国家间的关系,为保险型社会创造了与之相匹配的社会公众。值得一提的是,保险公司还史无前例

---

① 1951年,The Aetna Insurance Company推出"Drivotrainer","Drivotrainer"是早前的"Reactometer"(设计宗旨是测量和改进反应时间)和后来的"Roadometer"(一种幻灯片测验,就学员在车辆操作的各个方面的领会给学员打分)的配套设备,被用于Aetna指导的培训班中,训练汽车驾驶员进行安全、可靠和有数据支持的驾驶。

地为知名艺术家、创作家提供重要岗位。1969年即有学者指出,美国保险业是全球唯一给著名诗人(如Wallace Stevens[①])和著名音乐家、创作家(Charles Ives[②])提供重要岗位的行业,认为世界上没有其他行业、其他地方能够有这样使用人才的能力,甚至没有行业有如此包容这类人才的能力。[③] 保险行业的发展还催生了大量文学影视等艺术作品,繁荣了文化创意产业,极大地推动了风险文化的传播。第二次世界大战后二十年,电影和流行文学中大量出现保险公司、代理商、保险欺诈等内容。1944—1960年间,美国生产了200多部以保险为主题的电影。同时还出现了大量以保险为主题的小说、诗歌。有研究者对保险和艺术的联系进行了深入分析,认为这些从覆盖低级杂志到精英主流市场的大量艺术作品,对塑造20世纪前50年美国文学发挥了重大影响。[④]

第三,保险业更加积极地参与社会治理。第二次世界大战后,保险业的风险管理技术在教育、外交政策、犯罪学和医学等领域的重要性日益提升,作用更加彰显。包括:积极参与建设所投资的社区,保险公司将保险精算风险管理逻辑运用在社区建设的每一个环节,包括社区规划布局、防火建材挑选,以及住户挑选上(仔细挑选单一风险库的成员)等,充分发挥专业风险管理能力。积极参与社区贫民窟清理和社会种族界限再调整,作为大规模城市重建的重要贡献者,保

---

① 华莱士·史蒂文斯,美国著名现代诗人,1934年任哈特福德意外事故保险公司副总裁。
② 查尔斯·艾夫斯,美国现代主义作曲家,是20世纪美国最具影响力的音乐家之一,曾在多家保险公司任职,后来与朋友一起创建了Ives & Myrick保险公司。
③ Drucker, P.F. (1969), Insurance Opportunities in the Age of Discontinuity, in K.Tuan (ed.), *Modern Insurance Theory and Education*, Volume 3, Varsity Press, 1972.
④ Horan, C.D., *Actuarial Age: Insurance and the Emergence of Neoliberalism in the Postwar United States*, University of Minnesota, 2011.

险公司参与投资和建造住宅区的同时,帮助清理贫民窟和重新定义那些在战前标志这城市空间的等级和种族界限。保险公司按照约定承担了清理最大贫民窟的工作。积极承接城市犯罪控制和疾病预防等社会功能,在房地产项目开发过程中,保险公司将原本与联邦或州政府相联系的一些社会职能和自身经营治理活动挂钩,诸如犯罪控制、疾病预防等,甚至一些保险公司将这些职能称为其所开发房地产的核心功能,这些管理行为推动战后犯罪控制、疾病预防等社会功能就逐渐从政府向保险等私人行业转移。

第四,保险业广泛参与民生、基建投资建设。第二次世界大战后的 30 年间,商业保险机构对购物中心、城市住房开发、郊区发展和天然气管道等民生、基建领域投资数十亿美元,帮助重建了美国经济社会图景,从根本上改善了战后的经济和社会生活,改变了千万美国人的日常生活和消费的方式。这些投资建设影响深远,在城市设计、郊区发展、建筑设计等方面树立了新的范式和风格,至今仍广为研究讨论。到 20 世纪 60 年代,商业保险公司对美国经济的投资超过了其他任何行业[1]。

第五,保险业积极参与资本市场建设。在共同基金领域,20 世纪中期,为了向投保人提供变动的收益,抵御通货膨胀,大量保险公司与共同基金紧密契合发展。据统计,155 家共同基金以各种方式隶属于保险公司。到 1969 年 9 月,这些共同基金(Mutual Fund)的总资产达到 80 亿美元,占共同基金产业总量的 16%[2]。在市政

---

[1] 建筑师维克多·格鲁恩,因其有影响力的作品,即设计了几个最早的美国购物中心而被誉为"商场设计之父"。

[2] Gordon, T.J. (1971), Can the Concepts and Institutions of Personal Insurance Survive Our Changing System, in K.Tuan (ed.), *Modern Insurance Theory and Education*, Volume 3, Varsity Press, 1972.

债券领域,由于债券保险对降低债券债务成本作用显著,在2005、2006年美国债券保险市场发展的顶峰时期,约50%的美国新发市政债券购买有债券保险;2006年,美国债券保险在结构化金融产品信用增级所使用的手段中所占份额超过50%[1][2]。另外,保险业引入巨灾债券,推进与银行、期货等其他金融业开展多方面、多形式合作,显著推动和有效丰富了美国资本市场发展。

第六,保险业推动相关行业发展和新标准形成。一方面,保险对新服务和技术的不断扩大覆盖,推动了相关职业和产业的发展。以健康保险领域为例,当1980年之后美国国会决定扩大医疗保险对家庭健康治疗的覆盖范围时,创造了对家庭护理的新需求,推动了这个行业的资本化。在1980年的Omnibus预算和解法案(Omnibus Budget Reconciliation Act)中,由于对营利性家庭护理机构为健康保险客户提供服务的资格标准做出了放松,由此带来1980—1985年间健康保险认证机构数量翻番。同期,健康保险的家庭健康支出翻了三倍。到1995年,健康保险为家庭护理服务支出提供了将近一半的费用[3]。另一方面,保险条款的更广覆盖创造出了新的行业标准。在美国,若没有健康保险,绝大多数家庭无法负担医院内生育的成本,而健康保险的出现,使得在医院内生育对绝大多数妇女成为可能,并成为一种标准医疗方式。因为在20世纪90年代,医疗项目计划对院内生育的过夜费用严格控制,导致不时出现

---

[1] 陈晓虹、刘彦、刘肯、杨婕:"美国债券保险的发展及对我国的启示",《中国货币市场》2009年第6期。

[2] 张启迪、樊力嘉:"美国债券保险业发展现状综述",《中国保险》2014年第6期。

[3] Stone, D. A., Beyond Moral Hazard: Insurance As Moral Opportunity, *Connecticut Insurance Law Journal*, 1999, 6:1.

新妈妈被赶出医院的情况。在此之后,随着新的医疗标准进一步发展成为了一种政治目标,推动多个州直至最后的国会,纷纷立法要求保障新妈妈在医院至少待足 48 小时。新的生育医疗标准得到建立。另外,根据美国审计署(General Accounting Office)的调查分析,保险公司在影响公众对标准治疗方案的认知,以及医院的标准治疗方案实践上同样有重大影响①。

2. 在美国保险型社会建设中,保险的不确定性管理和全面供给能力逐渐得到充分发挥,成为国家治理体系的重要组成部分

到了 20 世纪六七十年代左右,美国的保险型社会建设初步成型,保险在经济社会各个领域开始充分发挥服务国家治理的能力,具体表现为以下三大方面:

一是保险业为经济社会提供丰富的保险产品,通过费率厘定、风险评估、经济补偿等机制来降低各种不确定性,有力保障经济社会的稳定运行,较为充分地发挥了保险的不确定性管理功能。

二是保险已经覆盖美国经济社会各个领域所面临的主要风险,全面制度供给能力得到了较好的发挥。保险在员工保障、食品药品安全、环境保护、公共卫生等诸多社会领域提供不确定性管理服务,广泛参与社会保障体系建设,并在放大财政效应、平滑政府预算、经济效率提高等方面发挥重要作用,开始深度、广泛嵌入美国经济社会体制,成为社会成员安全幸福保障和经济社会运行与稳定保障的关键非政治机制。同时,保险业还通过投资国债、公司债、房地产及其证券,以及直接投资基础设施等形式,为城镇化提

---

① Stone, D. A., Beyond Moral Hazard: Insurance As Moral Opportunity, *Connecticut Insurance Law Journal*, 1999, 6:1.

供了大量资金支持,推动美国城镇化的纵深推进和均衡发展。有学者指出到20世纪60年代,保险已经超过州政府成为美国人社会和经济保障的主要供应商[①]。

三是通过保险精神的传播,使美国公众逐渐建立起自我保障、责任担当、尊重契约等文化理念,并且对保险的内在原理有了深刻的理解,支持现代治理文化的培育。保险业以浅显易懂的语言向美国人介绍保险的原理,引导人们从数据、概率以及未来风险的统计学管理方面进行思考,并强调个人未来财务规划的重要性,在支持建立个人经济保障体系的同时,也促进了保险精神的传播,进而推动了现代治理文化的培育。

在黄金时代,美国人享受着充分的就业和较快的工资增长,许多工人进入了中产阶级生活方式,经济发展水平和家庭生活水平快速上升。黄金时代的形成很大程度上是因为保险型社会的初步成型,使保险在经济社会各领域充分发挥不确定性管理和全面制度供给能力,在微观上保障了个人和组织生产生活水平的稳定,在宏观上保障了经济社会的稳定运行,降低了经济社会运行成本,从而推动美国迈入一个经济水平快速增长、社会福利稳步提升、民众幸福感指数不断提高的新发展阶段。而之后随着新技术革命的诞生,美国经济社会又产生了新的风险保障需求,保险业的风险管理技术也出现了质的飞跃,保险对经济社会的渗透水平又实现了新的提升,不确定性管理和全面制度供给功能得到了更为充分的发挥,推动了美国保险

[①] Horan, C.D., *Actuarial Age: Insurance and the Emergence of Neoliberalism in the Postwar United States*, University of Minnesota, 2011.

型社会的进一步发展,也使保险型社会服务国家治理现代化的作用持续深化。

美国在黄金时代建设保险型社会服务国家治理的成功经验从侧面表明,如果美国在进步时代就开始系统推进保险型社会的建设,使保险型社会建设紧承国家基本制度建设,那么其经济社会各领域的不确定性将会更早更有效地得到管理,治理转型过程也将更为平稳顺利,类似于大萧条时期的重大社会问题也将会得到更及时和更有效的解决。这为我国推进国家治理现代化提供了宝贵的借鉴。

第三节 国际实践对我国推进国家治理现代化的启示

一、对我国当前而言,建设保险型社会服务国家治理现代化具有重要的现实意义

我国当前的经济社会环境与美国进步时代高度相似,有必要借鉴美国进步时代以及黄金时代等时期国家治理转型的经验教训。美国进步时代治理转型目标和保险型社会的服务目标高度一致,虽然由于保险型社会建设的滞后使美国经济社会在当时未能得到充分的保障,进而对国家治理转型造成了一定影响,但第二次世界大战之后美国充分认识到保险对国家治理的重要性,在进步时代的基础上加快建设保险型社会,并在黄金时代取到了较好成效。美国的保险型社会建设经验,以及第

二次世界大战以后其他发达国家保险在服务政府、市场、社会治理以及生态文明治理领域的诸多成功实践都表明,建设保险型社会能够对经济社会各领域的不确定性进行广泛管理,并通过全面制度供给来保障新旧制度的交替和制度有效执行,推进治理结构的优化,从而降低经济社会运行成本,推动国家治理转型的顺利实施。这与我国当前全面深化改革、推进国家治理现代化的需求高度契合,表明在我国建设保险型社会服务国家治理现代化具有重要的现实意义。

而且,在建设保险型社会方面,我国当前比美国进步时代更具优势。主要表现在以下几个方面:一是我国政府在推进国家治理现代化方面有着系统科学的规划,对我国治理转型需要解决的问题和面临的挑战有着全面充分的认识,特别是在顶层设计方面能够实现总体设计、统筹协调、整体推进。二是我国政府治理范围和治理能力明显优于进步时代时期的美国政府,政府有能力统一部署重大改革,协调各方力量形成合力,统筹推进各领域改革。三是我国政府对保险业的作用高度重视,指出保险具有经济补偿、资金融通和社会管理三大功能,在服务国家治理体系现代化中将发挥重大作用,并且强调要以改革为动力,突出重点、协调联动,加快发展现代保险服务业。四是我国保险业已经在管理经济社会各领域不稳定性方面发挥重要作用,形成了较为完备的产品体系,并且随着风险管理技术不断发展,对经济社会的渗透程度将会持续提升,具备了全面制度供给的能力基础。五是发达国家在建设保险型社会方面已经为我国提供了大量实践经验,使我国保险型社会建设在很多领域能够充分借鉴这些经验教训来避免走弯路,以较低的成本推进建设。

二、我国建设保险型社会服务国家治理现代化需要进行顶层设计,实施系统推进,以充分发挥保险不确定性管理和全面制度供给的能力

美国进步时代保险服务国家治理主要是通过自下而上的驱动,结果造成保险型社会建设缺乏顶层设计,而在第二次世界大战后到黄金时代,美国同时开展自上而下的顶层设计和保险业自下而上的双重驱动,最终取得了成功。这为我国提供了宝贵的借鉴,说明建设保险型社会对国家顶层设计有着迫切的需求,需要通过顶层设计和系统推进来促使保险型社会建设紧承国家基本制度建设,才能充分推动保险型社会服务国家治理现代化。因此,我国应借鉴美国建设保险型社会的经验,通过顶层设计,推动国家基本制度建设和保险型社会建设,避免保险型社会建设与推进国家治理现代化的脱节,在国家治理转型的过程中为建设保险型社会营造良好的制度环境,按照顶层设计的战略部署,有计划、分阶段、系统性地推动保险向各领域全面渗透,在治理转型的过程中使保险机制广泛嵌入经济社会的运行环节之中,这样才能充分发挥保险的不确定性管理和全面制度供给能力,服务国家治理现代化。

第五章　建设保险型社会助推中央全面深化改革与服务国家治理现代化

我国正在以实现国家治理现代化为总目标进行全面深化改革,在前文对建设保险型社会服务国家治理现代化的理论与实证研究基础上,本章从我国的改革历程和现实国情出发,对全面深化改革推进国家治理现代化的主要领域和路径,以及我国保险业与国家治理的互动发展关系进行系统研究,提出建设保险型社会是全面深化改革的历史选择与现实路径,并对我国建设保险型社会助推全面深化改革、服务国家治理现代化的机理进行深入分析。

第一节　全面深化改革推进国家治理现代化

一、1978年以来我国改革路线演进

新中国成立后建立起了"全能主义"(Totalism)[①]的国家治理体

[①] 全能主义国家反映的是一种特殊的国家与社会关系,即国家可以按照自己的意志进入社会生活各个领域、各个角落,可以直接取代市场、管制社会。邹谠:《二十世纪中国政治:从宏观历史与微观行动的角度看》,牛津大学出版社(香港)1994年版,第20页。

系，政府取缔所有市场交易行为和体制外的民间组织，直接对所有社会资源统一进行计划分配，所有组织和个体的生存均完全依附于国家[①]，衣食住行、生老病死都由国家进行管理。该模式能够高度有效地集中人力、物力和财力进行重点建设，保证按预期目标实现国民经济发展的总体战略，但弊端在于抑制了经济发展的活力，破坏了社会的自组织秩序，使得经济结构严重失衡、资源配置效率低下、社会创新活力不足，并由此导致治理体系与经济社会发展逐渐不适应。

1978年，中国共产党十一届三中全会召开，标志着我国进入了改革开放的历史新时期，走上了通过经济改革促进社会全面发展、推动社会各个领域改革的道路[②]。改革进程总体上分为两个阶段，第一阶段是从1978年到1992年，这一时期改革的中心任务是建立"有计划的商品经济"，改革首先从农村的联产承包责任制开始，建立农产品市场，后来通过个体经济与乡镇企业而逐步建立了小商品市场。农村的改革逐步推广到城市，产生了城市的个体经济与承包责任制。对外开放则以建立深圳经济特区为开端，通过特区经济影响全国。这一阶段改革主要集中在经济领域，采取的方式是"摸着石头过河"的逐步探索。第二阶段始于1992年，以邓小平同志南方讲话和中国共产党十四大召开为标志，我国改革开放和现代化建设事业进入一个新的历史阶段[③]。十四大确立邓小平建

[①] 何显明："政府转型与现代国家治理体系的建构"，《浙江社会科学》2013年第6期。

[②] 李晓西："经济改革推动社会全面发展与进步"，《中国社会科学报》，2013年11月8日。

[③] 龚育之："从南方谈话到十四大、十五大、'七一'讲话"，《中共党史研究》2002年第2期，第35页。

设有中国特色社会主义理论在全党的指导地位。十四届三中全会通过了《中共中央关于建立社会主义市场经济体制若干问题的决定》，做出了建立社会主义市场经济体制的重大决策，全面描绘了社会主义市场经济体制的基本蓝图和推进改革的基本举措，市场化改革开始全面推进，标志着改革开放进入一个新的历史阶段。2002年，中国共产党十六大提出在2020年建成完善的社会主义市场经济体制。十六届三中全会通过了《中共中央关于完善社会主义市场经济体制若干问题的决定》，宣告了我国"社会主义市场经济体制初步建立"，我国市场化改革由原来的渐进式改革取向逐步向统筹协调式改革取向转型，社会主义市场经济体制进一步完善，市场化进程向纵深领域推进①。

30多年来，改革通过由易到难、由浅入深、不断深化的方式，从农村到城市，从经济领域到其他各个领域，从对内搞活到对外开放，从具体政策的实施到体制机制的转变，从社会生产力的解放到社会创造活力的释放②，我国成功实现了从高度集中的计划经济体制到充满活力的社会主义市场经济体制、从封闭半封闭到全方位开放的伟大历史转折，成为世界第二大的经济体，人民生活水平得到极大提高，社会发展活力极大增强，充分证明了改革开放道路的正确性，使我们更加坚定了中国特色社会主义的道路自信、理论自信、制度自信。

回顾改革开放30多年历史，从十一届三中全会到十七届三中

---

① 李晓西：《经济改革推动社会全面发展与进步》，《中国社会科学报》，2013年11月8日。

② 编写组：《党的十八届三中全会决定学习辅导百问》，党建读物出版社、学习出版社2013年版，第4页。

全会，基本都专注于某个领域或者某个方面的改革，而且都是以经济体制改革为主①，虽然破解了许多影响和制约发展的重大难题，但还有许多深层次矛盾和问题尚未得到根本解决，同时随着社会经济发展又不断涌现新的矛盾问题，这些问题相互交织、相互影响，使得当前改革进入了攻坚期和深水区。一是经济体制改革任务远没有完成，经济体制改革的潜力还没有充分释放出来。市场体系还不健全，政府和市场关系还没有彻底理顺，市场在资源配置中的作用发挥受到诸多制约②。二是社会领域改革步伐落后于经济改革，社会机制建设有所欠缺和滞后，社会矛盾明显增多。三是政府职能的转变滞后于市场建设，存在明显的不适应。审批事项过多，效率低下，审批过程缺乏监督约束；为企业创造竞争有序的市场秩序和政策环境不到位；有法不依、执法不严现象普遍，缺乏问责机制③。

过去渐进式的路径选择，"摸着石头过河"的探索方式，决定了之前的改革往往是自发、零散和独立进行的，是由严峻的形势所迫去克服那些制约发展的体制机制弊端，那么改革走到今天，各项改革举措的关联性、耦合性越来越强，我们需要构建起一整套更加系统完备、科学规范、运行有效的制度体系，从治理结构、治理机制、治理理念、治理效率等更深的层面上全方位优化，将治理体系和治理能力有机结合，解决事关国家长治久安的制度现代化问题。

---

① 郑必坚：《全面深化改革的重大意义：中国中央关于全面深化改革若干重大问题的决定辅导读本》，人民出版社2013年版，第2页。
② 人民日报评论员："坚持社会主义市场经济改革方向"，《人民日报》，2013年11月20日。
③ 编写组：《党的十八届三中全会决定学习辅导百问》，党建读物出版社、学习出版社2013年版，第59页。

二、全面深化改革总目标提升到实现国家治理现代化的新高度

治理国家,制度起根本性、全局性、长远性作用。从本质上说,现代化的进程也是治理体系的现代化进程。制度是决定社会发展与文明进步的关键性因素,只有不断推进制度的变革,推进治理体系的完善,才能打破旧的社会局面,给社会生活以新方向,给现代化进程以新突破[①]。

改革开放以来,中国共产党开始以全新的角度思考国家治理体系问题,强调领导制度、组织制度问题更带有根本性、全局性、稳定性和长期性[②]。1992 年邓小平在南方讲话中提出"恐怕再有三十年的时间,我们才会在各方面形成一整套更加成熟、更加定型的制度"。当前我国国家治理体系和治理能力相比经济社会发展和人民群众的要求,相比当今世界日趋激烈的国际竞争,相比实现国家长治久安,还有许多亟待改进的地方[③]。推动中国特色社会主义制度更加成熟更加定型,形成一整套更完备、更稳定、更管用的制度体系,成为摆在我们面前的一项重大历史任务。

基于对改革开放以来中国共产党的治理理论与实践成果的继承和发扬,十八届三中全会提出"我国全面深化改革的总目标是完善和发展中国特色社会主义制度,推进国家治理体系和治理能力

---

① 任仲平:"准确把握国家治理现代化",《人民日报》,2014 年 2 月 21 日。
② 习近平:"在省部级主要领导干部专题研讨班开班式上的讲话",新华网,2014 年 2 月 17 日,http://news.xinhuanet.com/photo/2014-02/17/c_119374303.htm。
③ 习近平:"切实把思想统一到党的十八届三中全会精神上来",新华网,2013 年 12 月 31 日,http://news.xinhuanet.com/politics/2013-12/31/c_118787463.htm。

现代化",把社会主义现代化的内涵提升到治理现代化的高度,将制度的完善与发展熔铸为改革的总目标,即是改革进程本身向前拓展提出的客观要求,也体现了中国共产党对改革认识的深化和系统化,标志着改革开放由以前的单项突破进入到全面、系统、整体推进的新阶段,意味着我国改革将采取全面、系统的方式进行,更加注重各领域的联动和集成。

三、全面深化改革的主要领域

十八届三中全会《决定》用"六个紧紧围绕"全方位部署了经济、政治、文化、社会、生态文明和党的建设等各领域的改革重点、改革目标和举措:

在经济领域方面:全面深化改革重点是紧紧围绕使市场在资源配置中起决定性作用深化经济体制改革,坚持和完善基本经济制度,加快完善现代市场体系、宏观调控体系、开放型经济体系,加快转变经济发展方式,加快建设创新型国家,推动经济更有效率、更加公平、更可持续发展。一是做出"使市场在资源配置中起决定性作用"的定位,有利于在全党全社会树立关于政府和市场关系的正确观念。二是坚持和完善基本经济制度。强调"公"与"非公"都是社会主义市场经济的重要组成部分,是我国经济社会发展的重要基础,要积极发展混合所有制经济。三是围绕经济制度建设和市场体系完善,提出产权制度改革、国企改革、要素价格改革、土地改革、金融体制改革、科技体制改革等一系列重要配套改革举措,推动经济更有效率、更加公平、更可持续发展。四是对更好发挥政府作用提出了明确要求,强调政府的职责和作用主要是保持宏观经济稳定,加强和优化公共服务,保障公平竞争,加强市场监管,维护市场秩序,推动可持续发展,促进共同富裕,弥补市场失灵。五是从改进预算管理制度、完善税收制度、建立事权和支出责任相适应的制度等三个方面,阐述了深化财税体制改革的目标和路径。六是强调健全城乡发展一体化体制机制,包括加快构建新型农业经营体系、赋予农民更多财产权利、推进城乡要素平等交换和公共资源均衡配置、完善城镇化健康发展体制机制等,力求形成新型工农城乡关系,让广大农民平等参与现代化进程、共同分享现代化成果。七是构建开放型经济新体制,以开放促改革。

在政治领域方面:紧紧围绕坚持中国共产党的领导、人民当家作主、依法治国有机统一深化政治体制改革,加快推进社会主义民主政治制度化、规范化、程序化,建设社会主义法治国家,发展更加广泛、更加充分、更加健全的人民民主。一是加强社会主义民主政治制度建设。把推进协商民主广泛多层制度化发展作为政治体制改革的重要内容。二是推进法治中国建设。提出了一系列相互关联的新举措,对确保司法机关依法独立行使审判权和检察权、健全权责明晰的司法权力运行机制、提高司法透明度和公信力、更好保障人权都具有重要意义。三是强化权力运行制约和监督体系。提出要构建决策科学、执行坚决、监督有力的权力运行体系,健全惩治和预防腐败体系,坚持用制度管权管事管人。

在文化领域方面:紧紧围绕建设社会主义核心价值体系、社会主义文化强国深化文化体制改革,加快完善文化管理体制和文化生产经营机制,建立健全现代公共文化服务体系、现代文化市场体系,推动社会主义文化大发展大繁荣。

在社会领域方面:紧紧围绕更好保障和改善民生、促进社会公平正义深化社会体制改革,改革收入分配制度,促进共同富裕,推进社会领域制度创新,推进基本公共服务均等化,加快形成科学有效的社会治理体制,确保社会既充满活力又和谐有序。一是推进社会事业改革创新。围绕深化教育领域综合改革、健全促进就业创业体制机制、形成合理有序的收入分配格局、建立更加公平可持续的社会保障制度、深化医药卫生体制改革等方面提出具体举措,以通过加快社会事业改革,更好满足人民需求,实现人民在就业、迁移、教育、医疗、居住和社会保障等各方面的权利均等化。二是创新社会治理体制。围绕改进社会治理方式、激发社会组织活力、创新有效预防和化解社会矛盾体制、健全公共安全体系等方面进行改革部署,努力增强社会发展活力,提高社会治理水平。

在生态文明方面:紧紧围绕建设美丽中国深化生态文明体制改革,建立系统完整的生态文明制度体系,实行最严格的源头保护制度、损害赔偿制度、责任追究制度,完善环境治理和生态修复制度,用制度保护生态环境,推动形成人与自然和谐发展现代化建设新格局。

在军队国防方面:着力解决制约国防和军队建设发展的突出矛盾和问题,创新发展军事理论,加强军事战略指导,完善新时期军事战略方针,构建中国特色现代军事力量体系。

在党的建设方面:紧紧围绕提高科学执政、民主执政、依法执政水平深化党的建设制度改革,加强民主集中制建设,完善党的领导体制和执政方式,保持党的先进性和纯洁性,为改革开放和社会主义现代化建设提供坚强政治保证。

四、全面深化改革推进国家治理现代化路径

全面深化改革推进国家治理现代化的路径，在于通过政治、经济、文化、社会和生态等领域的改革，重构政府、市场、社会三者的关系和边界，优化治理结构，提升三方治理的效率，推动政府、市场、社会的治理现代化，支持国家治理现代化目标的达成。

1. 以经济改革推进市场治理和政府治理现代化

经济体制改革的核心是"处理好政府和市场关系，使市场在资源配置中起决定性作用和更好发挥政府作用"，"大幅度减少政府对资源的直接配置，推动资源配置依据市场规则、市场价格、市场竞争实现效益最大化和效率最优化。"因此，经济改革重点在于建设有效且有序的市场、有限有为的政府。

第一，建立有效有序的市场，推动市场治理现代化。建设有效有序的市场是经济领域改革两大目标之一。它从两方面推进改革，实现市场治理的制度化、规范化，使市场治理的效果更加高效、低成本，实现市场治理的现代化。一是建设"法治的经济"，以制度化、规范化形式保障市场有序运行；二是充分发挥市场在配置资源的决定性作用，以"无形之手"实现社会资源最有效率的配置。第二，建立有限有为的政府，推动政府治理现代化和市场治理现代化。有限有为的政府是经济领域改革的另一个重要目标。有限是指通过转变精简政府职能，从不当干预领域全面退出，推动政府与市场和社会关系的合理化，使市场在资源配置中起决定性作用，鼓励社会各方面力量参与社会治理；有为是指通过改进管理机制和管理方式，提升政府自身治理效率和规范性，履行好宏观调控能

力、公共服务、市场监管、社会管理、环境保护等职责,保障改革的顺利进行。通过上述两方面改革,缩小政府治理边界,推进政府、市场、社会治理领域的优化,同时,提升政府自身治理规范性和治理效率,推动政府治理现代化。

2. 以社会改革推进社会治理和政府治理现代化

当前我国社会改革既包含社会事业改革创新和创新社会治理体制两个方面,也包括治理方式本身的改革创新,在推动社会治理现代化的同时,也助推政府治理现代化。

第一,推进社会事业改革创新和社会治理体制创新,推动社会治理现代化。社会事业创新重在健全和完善教育、就业创业、医疗、收入分配、社会保障、医药卫生等领域的制度;而社会治理体制创新重在改进社会治理方式,激发社会组织活力,强化公共安全保障和社会矛盾化解机制。通过两方面的改革创新,不仅可以填补制度空白,强化制度短板,编织起一张全面而有力的城乡一体化社会保障网,为社会治理现代化提供基础性保障;而且可以实现治理主体从政府包揽向政府主导、社会共同治理转变,治理方式从管控规制向法制保障转变,治理手段从单一手段向多种手段综合运用转变,治理环节上从事后处置向源头治理前移,进而以社会治理方式的现代化来推动社会治理现代化。第二,通过社会治理现代化,支持政府治理现代化。政府治理现代化一方面取决于政府与市场、社会治理范围的再调整,另一方面是取决于自身效率水平和规范性的提升。社会治理现代化可以优化政府治理和社会治理的边界,减少政府职能的错位、缺位和越位,实现从"大政府小社会"向"小政府大社会"转变,进而有效助推政府治理现代化。

3. 以政治改革为国家治理现代化提供重要制度保障

政治改革为国家治理现代化提供制度硬约束保障。社会主义民主政治制度建设、法治中国建设、权力运行制约和监督体系的强化是政治领域改革的三大内容。政治领域改革重在为社会权力运行制定基本运行框架,为社会规则设定基本规范,进而为政府治理、市场治理、社会治理提供一个更为规范、合理的运行环境,为三者的日常运行提供更为规范的制度保障。

4. 以文化改革为国家治理现代化培育现代治理文化

文化改革为国家治理现代化提供文化软治理保障。政治学研究表明,任何政治制度都和特定时代的社会结构、文化传统存在密切联系;制度实质上是文化的产物[①]。全面深化改革以文化产业、文化体制管理方式改革等为抓手,引导社会思想观念、构建先进治理文化、塑造现代社会伦理,为现代制度的孕育提供文化土壤,为现代治理理念的成长提供精神滋养,从社会意识层面推进国家治理现代化。

5. 以生态文明制度建设为国家治理现代化提供物质基础

生态文明是人类在生产生活实践中协调人与自然之间和谐关系所做的全部努力和取得的全部成果,表征人与自然相互关系的进步状态。而生态文明制度是保证生态文明成果的体系化规范约定。人与自然的和谐关系是人类文明存在的根本物质基础,也是国家治理与国家治理现代化的基础;政府治理、市场治理、社会治理现代化都依赖于人与自然这一根本性的关系。生态文明制度建设通过将生态环境损害成本和自然资源使用成本规范性地纳入企事业单位成本,外部成本内部化,以市场机制解决人与环境问题,为环境保护、人与

---

① 付春:"软治理:国家治理中的文化功能",《中国行政管理》2009年第3期。

自然和谐建立制度化保障机制,为推进国家治理现代化提供基本的物质保障。

第二节 我国保险业与国家治理互动发展关系

一、我国保险业发展历程

1. 我国保险业早期发展历程

在新中国成立之前,我国保险业从晚清的保险招商局[①]、仁和保险公司等民族保险企业开始,至新中国成立之前,经历数十年风雨,大多数时间是在夹缝中生存发展,满足经济社会保险需求的能力有限,外商保险公司长期垄断我国保险市场。新中国成立后,面对经济社会发展对保险的迫切需求,人民政府对我国保险业进行了全面的整顿改造,于1949年成立中国人民保险公司,标志着中国的保险事业跨入了一个新时代。中国人民保险公司通过经营强制保险、火险、运输险、寿险、车险、农业保险等业务,为新中国建立初期的经济发展提供了重要保障[②]。

[①] 保险招商局于1875年12月18日正式在上海成立,是我国第一家民族保险公司。
[②] 据相关文献记载,中国人民保险公司在当时重点承办了国营企业、县以上供销合作社及国家机关财产和铁路、轮船、飞机旅客的强制保险,在城市开办了火险、运输险、团体与个人寿险、汽车险等业务,在农村积极试办以牲畜保险、棉花保险、渔业保险为主的农业保险,还致力于发展国外业务,与许多友好国家建立了再保险关系,除办理直接业务外,还接受私营公司的再保险业务。中国人民保险公司迅速成为全国保险业的领导力量,从而从根本上结束了外国保险公司垄断中国保险市场的局面。参见周发兵:"建国后的保险历史",搜狐网,http://money.sohu.com/20130815/n384256351.shtml。

1956年，太平、新丰两家保险公司实现了全行业公私合营，标志着我国保险业的社会主义改造完成。1958年，我国停办国内保险业务，保险业进入低谷期[①]。

2. 改革开放后我国保险业开始复业发展

1978年12月十一届三中全会开启了改革开放历史新时期，社会主义现代化建设成为中国共产党和国家的工作重心，鉴于保险的重要性，1979年4月，国务院批准《中国人民银行分行行长会议纪要》，做出了"逐步恢复国内保险业务"的重大决策，同年11月，全国保险工作会议宣布国内保险业务复业，到1980年年底，除西藏外，中国人民保险公司在全国各地都已恢复了分支机构，涉外保险业务也开始快速发展，我国保险业开始进入蓬勃发展期。

随着经济建设不断深入，经济社会对保险的需求迅速增加，保险业迫切需要提升供给，同时保险也需要引入市场竞争机制，从而推动我国保险业出现了新的发展格局。一是行业独家经营的传统格局被打破，新疆生产建设兵团农牧业生产保险公司、太平洋保险公司、平安保险公司等保险主体先后成立，保险业开始进入多家竞争、共同发展的阶段，市场化竞争格局初步形成。二是保险业务领域显著扩展，中国人民保险公司不仅在改革开放后迅速恢复分支机构，还在1982年恢复开办人身保险业务和恢复试办农业保险业务，保险业务领域逐渐扩大到人身保险、财产损失保险、农业保险、责任保险、信用保证保险等领域，基本形成了较为完整的产品服务

---

① 1959年9月，做出10年国有保险总结：共收入保险费16.2亿元，其中，财产险占91.19%，人身险占8.81%，支付赔款共3.8亿元，拨付防灾费1300万元，积累保险基金4亿元，上缴国家财政5亿元。从保险资金流向可见我国保险业当时对财政的突出贡献及"财政替代"功能的充分发挥。参见"百年中国保险业大事记"，人民网，http://www.people.com.cn/GB/channel3/22/20001228/365182.html。

体系,初步具备为经济社会各领域提供不确定性管理服务的能力。三是保险业开始尝试建立打破传统体制,向现代企业制度过渡。1983年7月人保公司成立董事会,1984年6月开始尝试让分公司成为真正独立核算、自负盈亏的经济实体①,人保深圳分公司在1984年尝试经理负责制、保险费率灵活定价、佣金折扣等做法,这些创新为我国建立现代保险市场体系提供了宝贵经验。

3. 社会主义市场经济体制确立后,我国保险业进入快速发展期

随着社会主义市场经济建设的逐步开展②,经济社会发展对保险的需求越来越大,我国保险业从复业期进入快速发展期,并逐步建立了现代保险市场体系。进入21世纪之后,我国保险业进一步迈向规范化、专业化、市场化、国际化的发展阶段,在全行业普遍建立了现代企业制度,初步形成了功能相对完善、分工比较合理、公平竞争、共同发展的保险市场体系。保险业的发展与市场经济建设密不可分,正是市场经济对保险越来越大的需求推动保险业蓬

---

① 王安:《保险中国200年》,中国言实出版社2008年版,第180页。
② 我国社会主义市场经济体制建立过程大致如下:1984年中共十二届三中全会通过了《中共中央关于经济体制改革的决定》,确立了在公有制基础上的"有计划的商品经济"。1987年中共十三大又进一步强调了计划与市场的内在统一,提出了"国家调节市场,市场引导企业"的经济运行模式。在这些思想的指导下,经济体制改革为市场的发育和拓展提供了有利的条件。中共十四大明确提出中国经济体制改革的目标是建立社会主义市场经济体制。1993年中共十四届三中全会通过了《关于建立社会主义市场经济体制若干问题的决定》,勾画了"社会主义市场经济"体制的基本框架。1995年中共十四届五中全会通过了《中共中央关于制定国民经济和社会发展"九五"计划和2010年远景目标的建议》,提出:实现奋斗目标的关键之一是经济体制从传统的计划经济体制向社会主义市场经济体制转变。自此,"计划经济体制"逐渐淡出历史舞台,"社会主义市场经济体制"逐渐深入人心,国家用宏观调控的手段对市场经济进行调节。

勃发展,保险业也在满足经济社会发展需求的过程中实现了自身的提升。这一提升可以概括为五大方面:

一是保险业行业规模持续扩大,保险市场体系不断完善。主要体现在保险业主体数量持续增加①,市场竞争机制不断完善,业务规模迅速扩大②,业务领域持续丰富完善,行业资产规模加速扩张③,保险资金规模迅速扩大且运用渠道不断拓宽④,国际化程度不断提升⑤等方面,保险业对经济社会发展的重要性日益提升。

二是保险业逐步走上规范化、科学化的经营道路。一方面,保险业法律体系和监管体系逐步走向规范化和科学化。1995年6月《保险法》颁布,为我国保险市场创造了良好的法律环境。1996年我国保险业建立了保险分业经营体制。1998年11月中国保监会成立,逐步建立起偿付能力、公司治理结构和市场行为监管三支柱的现代保险监管框架。另一方面,经营主体的运营管理逐步走向规范化和科学化。中国人保在2003年11月成为首家完成股份制改造的国有金融机构,掀起了保险业建立现代企业制度的浪潮。目前我国保险主体已经普遍建立现代企业制度,不断提升自身风险管理技术和运营管理水平,以更好地满足经济社会发展需求。

---

① 2013年整个行业已经拥有70家寿险公司和64家财险公司。
② 改革开放之初保险业保费收入仅为4.6亿元,保险深度为0.13%左右,到2013年保险业保费收入已经达到1.7万亿元以上,保险深度达到3.0%以上。
③ 保险业积累第一个1万亿元资产用了24年,而积累第二个1万亿元只用了3年,积累第三个1万亿元只用了一年多,到2013年保险业资产总额已经达到8.28万亿元以上。
④ 2013年保险业资金运用余额已达7.6万亿元以上,监管机构正在逐步放开保险资金投资渠道,未来保险资金对经济社会的贡献将越来越大。
⑤ 1992年我国保险业开始对外开放,美国友邦保险公司和美亚保险公司获批在上海开设分公司,截至2013年年底,我国保险业已有28家外资寿险公司和21家外资财险公司,国际化程度显著提高。

三是保险业在满足经济社会不确定性管理需求方面的能力不断提升。首先,保险通过产品服务创新和扩大可保范围,提升对经济社会保险覆盖面,保险业总赔付额从 2000 年的 527 亿上升到 2013 年的 6213 亿。其次,保险服务的差异化、个性化程度不断提升,保险主体根据被保险人的实际风险状况提供量身定做的风险管理服务。第三,保险服务类型逐步从风险等量管理发展为风险减量管理,保险主体主动为被保险人提供防灾减灾服务,改善整个社会的风险水平。

四是保险业的社会效应日益突出并获得全体社会认可。保险业在经济补偿、防灾防损、社会管理等方面的功能越来越突出,在完善现代金融体系、支持社会保障建设、促进农业健康发展、完善防灾减灾体系、参与社会管理体系等方面发挥着越来越重要的作用。

五是保险业对国家政策的支持作用持续增强,服务国家治理的程度日益加深。通过政策支持型保险对经济社会不确定性的管理,保险对财政资金放大效应得到显著体现,减轻了政府治理压力[①],服务国家治理的程度不断加深。同时,由于保险具有放大财政效应、保障民生安全的突出作用,地方政府开始通过向保险购买服务方式提高治理效能。

目前,我国保险业仍处于快速发展阶段,并且不断提升自身经营管理水平和服务经济社会发展能力,已经具备了向现代保险服务业发展的基础。

[①] 以农业保险为例,财政资金放大效应近 100 倍,2007 年至今累计提供风险保障已经超过 4 万亿元,农业保险机制成为中央财政支农资金最有效、最重要的创新模式之一。

二、我国保险业发展与国家治理体系演进的历史考察

对我国保险业的历史考察表明,我国保险业发展与国家治理体系演进呈现出内在互动关系,具体表现为我国国家治理体系的演进推动了保险业的发展,而保险业的发展又反过来推动了国家治理体系的完善①。

1. 在新民主主义时期,保险主要作为一项财政工具发挥作用

在计划经济体制下,我国保险业担负着部分"财政替代"的功能②,成为国家治理的重要工具,特别是在 20 世纪 50 年代的初创时期,保险业配合新中国经济建设,在保障生产安全、促进物资交流、安定人民生活、壮大国有资产等方面发挥了积极作用。"财政替代"功能在体现出保险业重要性的同时,也对保险公司治理结构完善和建立现代企业制度造成了一定影响③。

在社会主义改造完成后,我国进入计划经济时期,政府开始以指令性计划为主要形式对经济社会进行全方位管理,不确定性管

---

① 虽然历史时期不同,这与本文第二章所论述的世界范围内保险发展与国家治理体系演进的互动关系是一致的,其根源在于人类社会的重大变迁会产生新的不确定性管理需求,从而激发保险业的革新,并反过来保障社会变迁的顺利实现。

② 1949 年成立中国人民保险公司的理由之一是"国家可减少大量之建设财政开支"、"亦为平衡预算收支之重要保证";1979 年,中国人民银行、财政部、中国农业银行下发的《关于恢复办理企业财产保险的联合通知》指出,"参加保险的财产一旦发生保险责任范围内的损失时,由保险公司按照保险契约的规定负责赔偿,国家财政不再核销或拨款"。参见孙祁祥、郑伟:"保险制度与市场经济:六个基本理念",《保险研究》2009 年第 7 期。

③ 例如在保险业担负部分"财政替代"功能的背景下,一些损失按照保险契约不应赔付,但出于政策或其他考虑,政府要求保险业予以赔付,这种做法就违背了市场规则,模糊了保险业在经济社会中的定位,影响了保险公司的正常运作。

理这一职能也由国家财政统一承担,保险的功能在计划经济体制下受到了极大抑制,最终停办国内业务。

2. 在计划经济向市场经济过渡的历史进程中,保险业基于经济社会需求开始复业发展,并推动了市场经济的蓬勃发展

在改革开放政策确立之后,对经济建设过程中的不确定性进行有效管理是确保经济稳定运行的关键,保险业的比较优势决定了其在经济建设过程中的重要性。因此我国迅速开展保险业复业工作,扩展保险业务领域和覆盖范围,开始将保险定位为一个金融行业[1]。由此可见,保险业的复业发展是与市场在国家治理体系中重要性不断提升密切相关的,保险成为在市场治理体系下,最契合对不确定性进行管理的一种制度安排,也成为我国社会主义建设过程中必要和必须发展的一项事业[2]。

反过来,保险的复业发展也对我国国家治理体系的演进产生了推动作用,主要体现为保险推动了市场经济的蓬勃发展。不断扩大业务领域的保险业为处于探索过程中的市场经济提供越来越全面的不确定性管理服务,保障了市场经济早期的稳定发展,为从计划经济转型到有计划的商品经济,并最终确立社会主义市场经

---

[1] 1979年4月中国人民银行发布的《关于恢复国内保险业务和加强保险机构的通知》中指出"保险公司是人民银行领导下的实行经济核算的企业单位……在中国银行体制改革后,保险公司应逐步从中国银行分设出来",人总行时任副行长尚明在1981年的全国保险工作会议上的讲话中指出:"保险也是金融业务的一种,是广泛的银行业务里的一项",并指出"从全社会、全世界和我国正反两方面的经验来看,担任社会补偿作用的具体形式,最适合、最现成和最有效的形式就是保险"。参见王安:《保险中国200年》,中国言实出版社2008年版,第163、166—167页。

[2] 人总行时任副行长尚明在1981年的全国保险工作会议上的讲话中指出:"从我们社会主义建设现状和将来发展的趋势看,保险是一种必要和必须发展的事业。"参见王安:《保险中国200年》,中国言实出版社2008年版,第166页。

济提供了重要支持。同时保险业自身也在逐步引入市场竞争,通过市场化机制提高自身效率,并尝试打破传统体制,向现代企业制度过渡。保险业的创新催动了我国市场经济的进一步发展。

3. 在社会主义市场经济确立和发展过程中,保险业在国家治理体系的需求下实现快速发展,并反过来推动了国家治理体系的演进

在社会主义市场经济体制确立之后,随着市场经济的快速发展,市场逐步成为社会配置资源的重要手段,进而逐步成为国家治理体系中的重要主体。市场经济的发展繁荣产生了大量计划经济时期所没有的不确定性,进而产生了巨大的保险需求,推动了我国保险业的快速发展。同时市场机制对保险业的进一步渗透也促使保险业广泛建立现代企业制度,逐步走向规范化和科学化。

由于国家治理体系需求而快速发展的保险业,反过来又推动了国家治理体系完善。首先,保险业不确定性管理功能的充分发挥使市场治理机制更为稳定和完善,支持市场自我调节,提高市场资源配置效率,推动市场在国家治理体系中地位的提升。其次,保险业进一步优化调整政府治理与市场治理的边界,通过积极参与社会养老、社会救济、医疗保障、灾害救助等治理领域,一方面为政府治理引入市场化机制,扩大了市场治理边界,另一方面发挥财政放大效应,减轻政府治理压力。第三,保险业在化解社会矛盾与纠纷方面的作用日渐突出,积极参与安全生产、环境保护、食品安全、社会治安等社会管理工作,推动社会治理机制的发展和完善,支持社会治理在国家治理体系中地位的提升。

4. 在我国向现代三元治理发展的过程中,保险业将更为广泛地覆盖经济社会各领域,在服务国家治理现代化方面发挥越来越

大的作用

对我国保险业发展和国家治理体系演进的历史考察表明，国家治理体系的演进催生了保险需求，推动了保险业的快速发展，同时保险业又助推国家治理体系进一步完善。三中全会《决定》提出全面深化改革和推进国家治理体系和治理能力现代化，这一过程必然伴随着多个领域的深入转型，产生大量新的不确定性；同时，治理体系的现代化、制度供给的完善，需要保险从经济层面保障制度供给的落地执行，从而要求保险业向经济社会各领域更加广泛和深入的渗透，并根据经济社会需求提升自身现代化水平，向现代保险服务业的方向发展，以具备全面服务国家治理现代化的能力。

而反过来，未来保险业在不断满足经济社会需求的过程中，逐步实现为国家治理提供全面保险制度供给的客观效应，在深入渗透经济社会各领域的同时，将推动社会形态向保险型社会转变，以经济机制保障社会契约化管理有效实施，成为现代化国家治理体系广泛应用的治理机制，从而发挥对国家治理现代化的反哺作用。

总之，我国国家治理现代化建设要求保险业向现代保险服务业发展，以更好地服务国家治理，保险业则将在提供全面保险制度供给的过程中助推国家治理现代化目标的实现。

三、我国保险业发展瓶颈与国家治理转型

虽然我国保险业已经具备了向现代保险服务业发展、提供全面保险制度供给的基础，但目前仍面临着较大的发展瓶颈，存在保险压制现象，需要政策解除束缚和进一步鼓励推动。

1. 我国保险业与发达国家相比尚有较大差距

通过与发达国家保险业关键指标的比对可见,虽然我国GDP总量已经位居世界第二位,但保险深度只有发达国家的一半左右

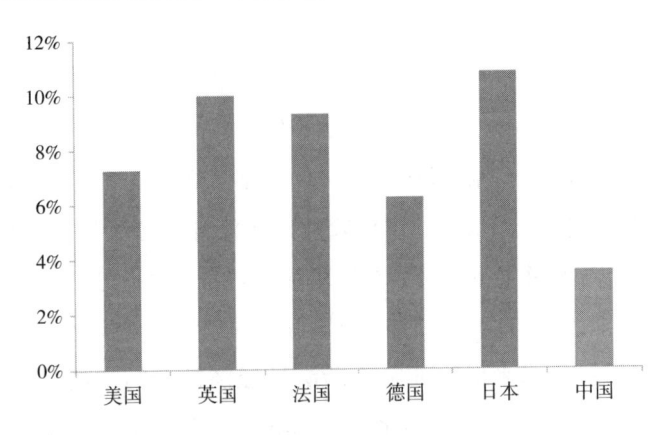

图 5—1:部分国家 2015 年保险深度(%)①

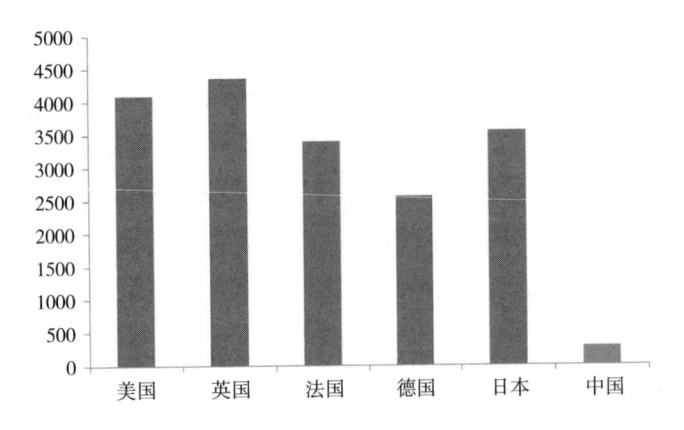

图 5—2:部分国家 2015 年保险密度(美元)②

---

① 数据来自 SwissRe:"2015 年度世界保险业:保费稳步增长,区域发展不均衡",*Sigma*,2016(3):45—46。

② 同上。

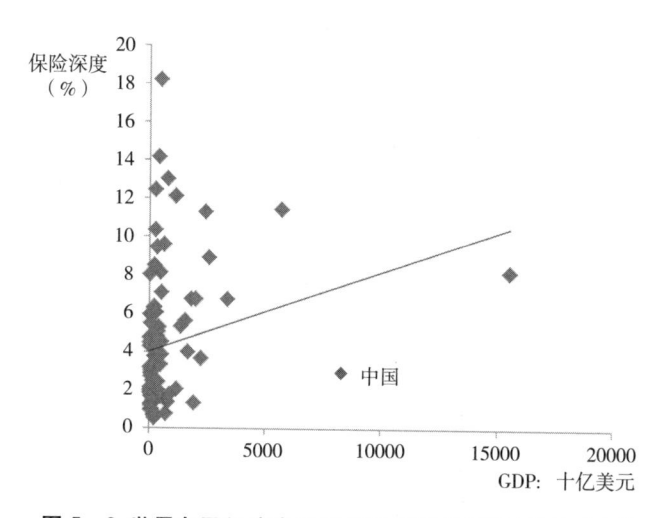

图 5—3：世界各国经济发展与保险深度关系图（2012 年）[①]

甚至更低，保险密度差距更大。这表明我国保险业与国际发达水平还有较大差距，保险供给还远未能实现经济社会的需求，渗透率还有很大的提升空间。

我国保险业虽然已经在防灾防损、灾后补偿方面发挥了重要作用[②]，但和发达国家相比，我国保险业对灾害损失的补偿率，特别是对重大灾害的补偿率仍显著偏低，保险赔付占重大自然灾害经济损失比例的国际平均水平在36%左右[③]，发达国家大型自然灾害的保险补偿率通常在20%以上甚至接近50%，但我国保险业补偿率持续处于较低水平，重特大自然灾害补偿大都以财政补偿为主，

---

① SwissRe："2012年度世界保险业：复苏之路漫长而曲折"，*Sigma*，2013(3)：33—42。

② 例如2008年南方雨雪冰冻灾害中，保险业支付了50亿元以上的赔款，为灾后重建工作提供了重要支持。

③ 林毓铭、林博："发展巨灾保险的紧迫性与路径依赖"，《保险研究》2014年第2期。

甚至屡次出现保险业捐款大于赔款的尴尬局面,保险的经济补偿功能远未得到充分发挥。

我国保险业发展水平与发达国家间的差距一方面说明我国保险供给与需求呈现明显的不对等状态,保险急需扩大覆盖广度和深度;另一方面也说明我国保险业在发展过程中遇到了瓶颈,保险领域的法律制度、公共政策还存在较为严重的缺位,制约了保险供给的发展。

表5—1:全球1980—2012年自然灾害经济损失前六名保险补偿情况①

日期	灾害原因	损失金额(百万美元)	保险损失	保险补偿率(%)
2011.03.11	日本地震·海啸	210,000	40,000	19%
2005.08.25—30	美国飓风(Katrina)	125,000	62,200	49.8%
1995.01.17	日本阪神地震	100,000	3,000	3%
2008.05.12	中国汶川地震	85,000	300	0.35%
2012.10.24—31	美国飓风(Sandy)	65,000	30,000	46.1%
1994.01.17	美国洛杉矶地震	44,000	15,300	34.8%

表5—2:2013年国际大型自然灾害保险补偿情况②

大型自然灾害	灾害损失(百万美元)	保险损失	保险补偿率
2013年5月中欧的水灾	15200	3000	19.7%
中国、东南亚等地的海燕台风	10000	700	7.0%
中国4月20日雅安地震	6800	23	0.3%
加拿大水灾	5700	1600	28.1%
中日的台风菲特	5000	750	15.0%

---

① 数据整理自:郭清:"五大问题拷问中国巨灾保险制度",《金融时报》,2014年6月18日,http://finance.jrj.com.cn/2014/06/18065617430959.shtml。

② 数据整理自:约翰·佩伯迪在保监会培训课程中所提供的资料。

2. 我国存在保险压制现象，需要通过国家治理转型为保险业营造良好的发展环境，促使保险业更好地发挥服务国家治理现代化的能力

从世界范围内经济发展与保险深度的关系来看，总体上呈现出正向的相关关系，即，经济越发达，保险深度、保险密度越大。但是在我国范围内这种相关关系并没有体现得很明显，甚至出现了部分东南沿海发达省份的保险深度反而低于全国平均的现象，例如 2015 年江苏的保险深度仅为 2.8%，低于全国平均约 0.8 个百分点，这表明我国存在一定程度的保险压制现象，保险需求没有得到释放，同时保险供给满足不了保险需求，导致在经济增长较快的地区，保险的发展未能与经济发展同步。

保险压制是从金融压制①的概念中引申而来的，是指在法规政策或其他制度上的过分严格规定和过多行政干预，制约了保险业正常发展的现象。我们认为我国出现保险压制现象主要有四个方面原因，一是部分法规政策直接对保险业产生压制效果，例如对产品设计、费率制定、保险资金运用、机构设置等方面的过多限制，会直接影响到保险业发展，从而抑制保险供给。二是法规政策虽然没有直接干预保险业发展，但存在间接的压制效果，例如我国法律对产品责任、环境污染责任等侵权责任的处罚水平与发达国家存在很大差距，侵权人没有得到法律应有的震慑，抑制了其购买保险

---

① "金融压制"是美国经济学家 E.S.肖和 R.I.麦金农分别在研究发展中国家金融发展与经济增长的辩证关系时创立的概念，其含义是：发展中国家在经济发展中，由于制度上的某些缺陷和当局政策上的考虑，对金融领域进行过多的行政干预或实现了某些过分严格的措施，各方面的控制和规定束缚了金融业的手脚，使其难以正常发展，进而对经济发展产生了反方向的作用。参见林宝清：《保险发展模式论》，中国金融出版社 1993 年版，第 160 页。

来管理责任风险的需求,降低了保险的渗透率。三是很多可以交由保险业来进行管理的风险仍然由政府财政来管理,例如地震洪水等巨灾以及一些重大事故造成的损失主要还是由政府财政进行补偿,许多国企或政府部门的财产设备并未投保而是由财政直接承担风险损失等,都抑制了对保险的需求。四是其他机制存在对保险的替代效应,例如工程担保、保证金制度、抵押制度等,也在一定程度上降低了保险需求。

要实现我国保险业向现代保险服务业发展并充分满足经济社会各领域需求,就需要减少或消除保险压制。一是需要取消对保险业过于严格的规定和过多的行政干预,深化保险业的市场化程度,减少对保险业发展的束缚。二是完善保险相关制度建设,为保险业发展打造良好外部环境,例如规范中介市场促进保险业健康竞争、完善资本市场拓宽保险资金投资渠道等。三是出台相应法规政策鼓励推动保险业发展,并根据经济社会需求给予相应优惠政策,刺激相关保险需求,推动我国保险业与经济社会同步发展,充分满足各领域保险需求。四是在一些由财政或者其他机制承担的风险领域引入商业保险参与风险管理,例如引入商业保险参与巨灾风险保障体系,在提升保险渗透率的同时,也能通过保险业专业技术和费率杠杆推动成本的降低和管理效率的提升。

综上所述,保险压制等发展瓶颈问题是保险业自己难以解决的,必然需要法规政策支持及相关部门的协调合作。如果国家大政方针没有体现出对保险业的鼓励和推动,保险业的发展空间将会继续受到抑制。因此,这一需求实质上是保险业对国家治理转型的需求,只有通过国家治理转型才能从根本上解决保险压制等问题,消除保险业的发展瓶颈,推动保险业充分发展。而国家治理转型也需要保险业的充分发展来广泛降低各领域不确定性,降低经济社会运行成本。总之,消除我国保险业发展瓶颈与国家治理转型是一个同步推进、相互促进、有机结合的互动过程,保险业将在治理转型的驱动下更全面、更有效的服务国家治理现代化。

第三节 建设保险型社会是全面深化改革的历史选择与现实路径

前文对建设保险型社会服务国家治理现代化的国际实践归纳,以及对我国保险业发展与国家治理演进互动关系的历史考察告诉我们,在当前中国,国家治理现代化的客观需要,为构建保险型社会提供发展机遇与发展环境,保险型社会的构建也必将反哺、助推全面深化改革,服务国家治理现代化。

一、中国保险型社会的朴素构想

1. 古代中国(　—1840):有理想但缺乏对现代保险制度的认识

在古代的中国,人们很早就对风险获得全面保障的理想社会充满憧憬,相应也产生了一些原始的风险保障机制。但是受限于经济社会发展条件,当时不可能具备对保险和现代保险制度的认识,因而风险获得全面保障的社会理想并未能够实现。

古代中国,人们对于这种获得风险保障的理想社会追求体现在方方面面。从中国传统社会基层结构实际看,大家族家庭模式,村、族聚合模式,自古以来在中国基层社会结构中占有重要地位。这种从家庭到族群、村落的社会构成模式,除了宗姓传承、文化延续等因素,很大程度上则是起着保障风险、实现稳定的作用。通过家庭成员内部的相互帮持——包括典型的养儿防老,到家族、村落成员间的相互帮衬与帮助,很大程度上都是起着保障风险、实现稳定的作用,体现了自古以来中国社会通过姻亲族群关系对风险较低、生活稳定社会的追求。①

从反映社会思想的中国古代典籍看,如《礼记·礼运》对"大同"社会理想描述到,"大道之行也,天下为公;选贤与能,讲信修睦,故人不独亲其亲,不独子其子;使老有所终,壮有所用,幼有所长;鳏、寡、孤、独、废疾者皆有所养。"事实上强调的就是对相互帮扶社会的期待。《逸周书·文传》谈到,"天有四殃,水旱饥荒,其至无时,非务积聚,何以备之?"事实上则是对灾荒相关保险的期待。而国泰民安、长治久安等这些流传甚久,至今广为使用、广为认同的成语、熟语和观念,同样反映了中国自古以来对这种理想社会的长期追求。

2. 近代中国(1840—1949):有认识但缺乏现代保险制度的成长环境

在近代的中国,随着西学东渐,人们逐渐对保险的重大社会作

---

① 卓志:"中国保险文化的几个基础问题探讨",《保险研究》2009 年第 11 期。

用有了一定的认识,特别是时代的先行者们积极呼吁保险之于社会的重要性。但是由于中国曲折的近代史,未能给现代保险制度生根发芽、繁荣发展提供良好的外部环境,因而现代保险制度未能推动社会向保险型社会迈进。

中国近代启蒙思想家们在传播西方先进技术制度时,多将保险发挥重大作用的社会作为一个重要追求方面,或是认为保险将对社会发展发挥重大作用,或是认为保险将对中国商业发展、社会崛起起到重要作用。如著名思想家、翻译家严复在《原富》中提出,"民所最重者,性命而外,则产业也。以其最重,十八祺(century)以还,文明之邦,皆有保险之设。此邃古至今,保民政术一绝大进步也。"魏源在著作《海国图志》中全面系统地介绍西方的保险理论和发展情况后认为,西方资本主义国家发展的因素有四点,即银票、银行、挽银票和保险公司,而前三者中国都有,只要仿效西方创立民族保险业,就会促进中国的发展,因此他极力主张自办保险业。另一思想家陈炽《商书•纠集公司说》中提出,保险一成,"华商之大势成,中国之全局振矣"。

3. 当代中国(1949—):新认识下的保险型社会理念

在当代中国,随着经济社会发展,保险业快速成长,相应的国际学术、行业交流增加,人们不仅更加清晰地看到现代保险制度对国家社会的重要性,也同时看到,保险通过全面保险制度供给这一独特优势,服务国家社会的现实路径。当前,在我国保险业中,处于行业宏观视野区的监管层已经形成"无人不保险、无物不保险、无事不保险"的朴素保险型社会设想。这一思想和"保险型社会"的外在形态,即保险机制覆盖几乎所有经济社会领域,渗透生产生活各个环节,具有高度相似性。

二、建设保险型社会是当代中国的必然抉择

1. 我国保险发展与国家治理演进历史表明，建设保险型社会是推动国家治理现代化的重要力量

从保险发展与国家治理演进的历史考察可以看到，国家治理体系的演进催生了保险需求，推动了保险业的快速发展，同时保险业又助推国家治理体系进一步完善。当前，我国存在的保险压制现象，表明我国在从计划经济向市场经济转型过程中，还存在弱市场、强政府现象，社会治理也尚未树立，经济社会运行对政府依赖过大，政府—市场二元治理结构不完善，我国保险业的发展受到一定程度的压制，保险业服务国家治理现代化的作用还未得到有效发挥。随着中央开启全面深化改革，推进国家治理体系和治理能力现代化，从不完善的二元治理向完善的市场—政府治理边界转型，提高二者治理效率，建立并强化社会治理，建立相对完善的政府—市场—社会三元治理模式，将对保险业发展提出更高的要求，也必将推动中央为保险业发展、保险型社会建设构筑更大的发展空间，保险压制将得以解除，我国朴素的保险型社会构想将不断发展成型。保险型社会的建设发展将充分发挥保险的治理作用，有效扩大市场治理边界、缩小政府治理边界、建立和强化社会治理，实现三元治理结构优化，提升治理效率，成为我国现代治理体系的重要组成部分和推动国家治理现代化的重要力量。

2. 保险服务国家治理的国际经验表明，中国压缩式现代化进程更需要建设保险型社会推进国家治理现代化

从保险在服务政府治理、市场治理、社会治理和生态治理的国

际经验看,保险通过持续优化多元治理结构、提升各治理领域效率、降低经济社会运行成本,在诸多治理领域发挥重要甚至不可替代的治理作用,有力地推动国家治理现代化,逐步成为国家治理体系的重要组成部分。发达国家建设保险型社会在各个领域服务国家治理现代化的诸多成功经验,充分证明了建设保险型社会服务国家治理现代化的可行性,彰显了保险型社会的全面制度供给能力和对现代化治理体系的重要支撑作用,体现出在我国建设保险型社会助推全面深化改革的重要现实意义,并为我国在各领域具体推进保险型社会建设提供了宝贵借鉴。

从美国进步时代以来美国国家治理转型的经验看,在与中国当前类似的治理转型背景下,在进步时代,美国以碎片化方式推动保险业发展,未能通过顶层设计尽快全面发挥保险的巨大作用,也未能持续释放保险服务国家治理的效果,最终导致改进现有国家治理方式以匹配经济社会基础的治理目标在进步时代未能尽快实现,改革转型过于漫长。

相比美国等西方社会,中国的现代化是"压缩版"的现代化,西方社会走过的两百余年的现代化进程[1],我们要在短短几十年内予以完成。在"压缩版"的现代化进程中,我们处于从计划经济向市场经济转型、从传统社会向工业化信息化社会转型的双重转型中,现代风险夹杂传统风险,过程风险与结构性风险并存,多风险因素交织放大,它预示着与欧美国家相比,我国的转型风险更大,对国家治理现代化的需求更加紧迫。这对国家治理现代化提出了更高

---

[1] 西方国家的现代化进程一般认为以工业革命为开端,工业革命的标志是18世纪中叶瓦特改良蒸汽机。以此而言,西方国家至今已走过了240余年的现代化进程。

的要求,即国家治理现代化的速度要能匹配经济社会的发展演进要求,以防止治理制度建设滞后造成的制度真空,引发经济社会各类矛盾交织激化,带来经济社会不稳定,从而降低经济社会运行转型成本。因此,必须强化国家顶层设计和系统规划,加快推进保险型社会建设,全面、持续释放保险的经济社会治理能力,充分发挥保险服务政府治理、市场治理、社会治理、生态治理等方面不可替代的作用,保障国家治理现代化目标尽快实现,适应我国经济社会整体的压缩式现代化进程。

3. 当前我国全面深化改革的目标必然要求,构建保险型社会推进国家治理现代化

从我国 1978 年以来的改革路线演进可以看到,推进国家治理现代化,释放经济社会发展潜力,激发经济社会发展活力,是改革发展追求的内在目标。十八届三中全会"五位一体"的全面深化改革任务的提出,意味着对政府治理、市场治理、社会治理提出了全面的要求,相应必然需要全面推进各个领域治理的现代化。保险服务政府治理、市场治理、社会治理的全面能力,使得构建保险型社会推进国家治理体系和治理能力现代化成为必需。

为实现国家治理现代化目标,中央明确提出要缩小政府治理边界、扩大市场治理边界——让市场在资源配置中发挥决定性作用,同时建立和强化社会治理,让该归市场管理的归市场管理,该归社会管理的归社会管理,该归政府管理的要管理得更好。这为构建保险型社会承接政府治理职能、助推政府治理效率提升,扩大市场治理,建立和强化社会治理提供了政策依据,也提供了政策指引。2014 年 8 月出台的《国务院关于加快发展现代保险服务业的若干意见》表明,中央已经从顶层设计入手,为发展现代保险服务业、加快构建保险型社会创造了制度条件、开创了发展空间,为构建保险型社会奠定了前所未有的有利发展环境,使得现阶段在我国构建保险型社会成为可能。

综合历史经验、国际经验和现实要求,构建保险型社会既具有历史和现实的必要性,也具有现实的可行性,同时也符合我国长期以来朴素保险型社会理念,是当代中国在新的历史发展环境下的必然抉择。

三、建设保险型社会助推全面深化改革机理

在保险型社会,保险通过全面制度供给,充分发挥保险机制作用,将社会问题经济化、外部成本内部化,实现对经济社会各领域不确定性的有效管理,保障新旧制度交替转型和运行,以经济机制支持国家治理基本制度落地,助推"五位一体"的全面深化改革的实现。

1. 构建保险型社会服务经济领域改革

一是保险完善市场经济制度基本功能。保险是市场经济的基础性制度,是当今绝大多数经济活动的必须要素[1]。首先,在保险型社会,保险健全和完善市场经济制度。通过将风险成本制度化地纳入宏微观社会运行成本,并以较完备的风险和信用数据库,完善市场价格形成机制。同时,保险作为金融体系三大支柱之一,保险业的发展将更好地完善现代金融体系,服务现代市场体系的完善;其次,保险服务产业格局优化,通过发展产业保险和区域保险,

---

[1] Center for Risk Management and Insurance, Foreign Insurers in Emerging Markets:Issues and Concerns, *Occasional Paper*, 2006(97):2.

以市场化机制传导国家产业政策和区域发展政策，推动产业升级和区域协同发展。第三，保险服务城乡统筹、推动城乡一体化建设。一方面发展政策支持型三农保险业务，以市场化机制传导和放大国家三农政策，保障农民利益、支持农民财产多元化；另一方面通过参与社会保障体系建设和城镇化建设，保障失地农民生活，并为农民工"真正进城"提供资金等支持，助推新型城镇化、服务农民市民化。

二是保险以全面制度供给服务有限有为政府建设。一方面，保险以市场化机制强化政府履职能力，通过放大财政政策效果、提升财政资金效率，推动建设有为政府；另一方面，保险通过分担政府社会管理、民生保障以及部分重要基建设施建设等职能，支持政府组织精简，服务有限政府建设。

2. 构建保险型社会服务政治领域改革

社会主义民主政治建设、法治中国建设和权力运行制约与监督体系是政治领域改革的三大内容。保险型社会下，保险将有力推动这三大领域的改革。

一是为社会主义民主政治建设奠定基础。保险崇尚契约精神，保险运行遵循公平、公开、公正原则，在中国特殊国情下，对于民众特别是广大农村地区的民众提升民主权利意识，具有独特的作用①。

二是推动法治中国建设。一方面保险以市场化机制保障损失赔偿社会化，优化法律的责任追究和惩罚效果，降低法律责任追究和惩罚所产生的道德和政治摩擦力；另一方面以保险方式完善法

---

① 如人保财险公司有这样的案例，支公司将获得理赔农户的名单在村委会进行公开，增进平等公开、减少理赔纠纷，有效促进基层民主发展，并得到当地政府明确好评。

律诉讼援助体系,体现司法的公平。

三是支持权力运行制约与监督体系建设。保险通过分担政府大量的民生、社会管理和经济建设等方面重任,以市场配置资源的方式,降低政府工作人员寻租的可能性或便利性①,保障权力运行阳光规范。

3. 构建保险型社会服务社会领域改革

社会事业改革创新和社会治理体制创新是社会领域改革的两大内容。保险型社会以全面制度供给覆盖社会领域改革各个方面。

对于社会事业改革创新,一方面,保险机制作为包括社会养老保险、社会医疗保险、失业保险等制度的社会保障体系的核心,是社会保障体系改革成败与否的重要决定因素。商业保险与社会保障制度紧密结合,成为社会保障体系的重要支柱,并以市场化机制有效提升社会保障体系的运行效率,降低运行成本。另一方面,保险以信贷支持和基本的风险保障服务,为教育和收入分配等领域改革提供重要保障。

对于社会治理体制创新,一是在财政支持下,建立以商业保险为平台、多层次风险分担为保障的巨灾保险制度,服务国家公共安全体系建设,并为社会提供风险排查和预防,以风险分散和经济赔付机制减少灾害损失影响。二是保险通过将社会问题经济化,以保险机制和经济杠杆从源头改进社会治理方式,并将损失赔偿社会化,从而预防和化解社会矛盾。同时为社会组织激发活力、提升

---

① 当然,如套取农险保费补贴等市场和政府相勾结行为在保险型社会下可能也会存在,但是相比政府是唯一的补贴资金负责主体,这打开了"政府黑箱",增加了政府职员的寻租成本。

自治能力提供支持,推进多方治理协作。

4. 构建保险型社会服务现代治理文化培育

国家治理现代化需要现代治理文化。现代化的治理不同于命令式的统治,它需要人们的独立意识;现代化的治理不同于封闭式的管理,它需要人们的协作意识;现代化的治理也不同于人治,它还需要法治契约意识。在保险型社会,保险从以上三个方面培育和推动形成现代治理文化[①]。

一是保险为现代治理文化提供"自我保障"、"自我负责"的个体独立精神。保险型社会中,通过保险在全社会的普及和渗透,在社会强调人生规划和财务规划,强调社会"自我保障"意识和"自我负责"精神;通过将购买保险等同于"对自己负责"、"对家人负责"、"对社会负责"的文化宣导,提升社会成员的独立意识。

二是通过保险机制,保险将面临共同风险、原本相对独立的社会个体广泛联结起来[②],通过损失赔偿社会化将社会成员间的切身经济利害直接联系起来,增进社会凝聚力和团结意识;同时,保险以其服务对象的广泛性,为三元治理合作提供重要平台,以常态化的三元治理合作实践增进社会各方协作意识。

---

① 谢新松(《文化的社会治理功能研究》,云南大学博士学位毕业论文,2013年,第22—105页)提出,文化与治理息息相关,相互促进,两者在形成过程中相互渗透,在目标实现中相互补充,在功能发挥上相互影响。文化的社会治理功能机理包含四个方面,即文化的社会治理功能起源于人的创造性和超越性本能,文化的治理功能根植于人的社会实践活动,文化的社会治理功能体现为一定的社会价值规范,文化的社会治理功能运行在一切的社会活动领域。

② 不同于家庭内部、族群内部小范围的厉害联系,这里是指社会成员间不具有广泛而直接的利害关系联系。事实上,社会成员向国家缴税,国家提供公用服务是一种重要的社会联系,但是这种联系需要以社会契约意识的广泛普及为前提,同时由于财政收支的复杂性,很大程度上它也并不那么直接。

三是保险遵循最大诚信原则,崇尚契约精神,以契约法则为运行规则,同时严格嵌入法律框架运行,通过将日常生活中广泛存在的权利和义务,以及对风险和不确定性的处理与预防,明确写入合同条款,全面增进社会成员的契约与法治意识。

5. 构建保险型社会服务生态文明制度建设

在保险型社会,保险从三个层次为生态文明制度建设提供关键性支撑。

一是保险为生态环境成本经济化提供重要制度保障。在《环境保护法》等法律基础上,保险为生态环境破坏转化为经济成本提供现实的制度化解决方案,推动实现以市场方式解决市场问题[①],提升环境保护效率和环境保护全面性。

二是保险将环境破坏风险内化为企业成本。保险通过将环境损害风险货币化,实现隐性成本显性化,进而将生态环境风险这一传统的企业外部成本内部化,全面纳入企业生产经营核算,以经济手段推进环境友好型社会生产方式的全面推广普及,全面提升社会成员的环保意识。

三是保险以市场机制提升人类社会环境保护力量。在成本有效约束的前提下,保险通过市场机制促进多元治理主体积极参与环境保护,为环境保护引入社会各方专业力量,壮大全社会环境保护力量,实现以最小的成本最大化社会环保资源投入,更有效地应对人类社会不断增加的环境风险。

[①] 当然,如排污权交易也是实现了以市场化方式解决市场问题,但是排污权交易是处理环境破坏尚未发生时的环境问题,当环境破坏真实发生后它并不能发挥作用,最终仍然只有保险赔付能实现以市场方式解决市场问题,成为环境保护真正的底线保护者。

第六章　建设保险型社会服务国家治理现代化的路线图

从我国现实国情来看,建设保险型社会需要全面深化改革和国家治理转型营造良好的发展环境,通过顶层设计和系统推进来逐步实现保险对经济社会各领域的广泛渗透,同时保险型社会的构建也将反哺、助推全面深化改革,服务国家治理现代化。因此,建设保险型社会与我国"五位一体"的改革总体布局密不可分。保险通过在微观上助推"五位一体"改革的具体实施,逐步实现对经济社会各领域的广泛渗透,充分发挥不确定性管理和全面制度供给能力,同时大力支持培育现代治理文化,从而在宏观上形成建设保险型社会服务国家治理现代化的整体布局。本章以"五位一体"的改革总体布局为主要脉络,全面描绘了保险在经济、政治、文化、社会、生态文明各领域助推全面深化改革的路线图,以详细展示构建保险型社会服务国家治理现代化的具体路径。

第一节　保险助推建立有效有序市场和有限有为政府

以建立有效有序的市场和有限有为的政府为主要目的的经济体制改革是全面深化改革的重点。首先要以坚持和完善基本经济制度为底线,巩固社会主义市场经济体制的根基。其次是着力解决改革核心问题,即处理好政府和市场的关系,一方面要完善现代市场体系,让市场在资源配置中起决定性作用,另一方面要加快转变政府职能,更好发挥政府作用。再次,要建立现代财政制度来优化资源配置、维护市场统一、促进社会公平,以科学的宏观调控体系为经济体制改革提供制度保障。第四,要重点解决我国经济社会发展中最大的结构问题——城乡二元结构问题,推进现代化成果的平等分配。第五,要站在改革和开放相辅相成、不可分割的视角上,构建开放型经济新体制,通过更高水平的开放进一步促进国内体制改革,为改革提供经验借鉴和活力源泉。

保险是市场经济的基础性制度和不确定性管理的基本手段,通过在经济体制改革的主要环节中引入保险机制,能够充分发挥保险不确定性管理和全面制度供给能力,助推建立有效有序的市场和有效有为的政府。

一、保险支持国企改革和非公有制经济发展,为基本经济制度的完善提供保障

1. 保险为国企改革提供保障,支持国企改革顺利实现

我国国企发展目标是通过改革建立现代企业制度、增强企业活力、公平参与竞争。改革为国企带来岗位调换、人员结构调整、职工下岗等多方面问题,引发一系列不确定性,特别是下岗职工的养老、医疗、住房等问题使国企承担巨大的经济压力,难以同未负担此类支出的新企业竞争。我国现有的社会保障体系还难以满足国企改革所产生的保障需求,急需保险机制予以支持。应大力鼓

励保险业通过受托管理社会保障基金、与社保机构签订契约提供相应保险服务、与社保机构开展共保联办等方式深度参与社会保障体系建设,并通过人身保险、商业养老保险、意外健康保险、大病保险、雇主责任险等产品为社会保障体系提供有效补充,扩大社会保障的覆盖范围与深度,有助于解决职工岗位转换或失业等长期困扰国企改革的问题,降低国企改革中的不确定性。

同时,国企在建立现代企业制度的过程中,对国家财政的依赖程度将不断降低,原来由财政承担的风险需要交由国企自己承担,从而加重了风险管理压力,增加了企业运行成本。因此应大力推动保险业为国企开发专业风险管理产品服务,包括企业财产保险、信用保险、保证保险、产品责任保险、营业中断保险等,以及量身定做的一揽子保险产品,使国企通过固定的保费开支来降低生产经营中的不确定性,在熨平风险对国企经营扰动的同时,还帮助国企进行科学的成本核算,推动现代企业制度的完善。

2. 保险保障非公有制企业稳定发展,并推动其建立现代企业制度

非公有制经济是社会主义市场经济的重要组成部分,然而我国非公有制企业中很大一部分还处于不成熟的发展阶段,规模普遍较小、寿命相对较短、技术装备水平较差,企业管理机制较为粗放,缺乏现代企业管理制度。非公有制企业要实现长期稳定发展,就必须建立现代企业管理制度,通过科学的风险管理机制来消除经营过程的不确定性。保险业应针对非公有制企业发展情况,开发对口产品服务,同时政府应采取相应政策鼓励非公有制企业投保,主要从以下四个方面保障非公有制企业稳定发展,并推动其建立现代企业制度:

一是为非公有制企业提供财产损失、法律责任、贸易信用、员工保障等多方面的风险管理服务,保障非公有制企业经营不因灾害事故而中断甚至停止,从而使其能够顺利向现代企业制度过渡。

二是发挥融资支持作用,通过信用保险、保证保险等产品联结其他金融机构为非公有制企业提供融资支持,降低融资成本,解决融资难问题。例如人保财险在宁波开办的城乡小额保证保险业务,使当地小微企业无需抵押或担保就能获得贷款,从2009年9月正式出单至2013年年底,已累计承保贷款总额49.23亿元,支持近3000户小微企业及500户农户获得银行融资支持[①]。

三是为非公有制企业职工提供商业养老保险、大病保险、意外健康保险、家庭财产保险等保障服务,特别是大力拓展企业年金业务,支持企业建立商业养老健康保障计划,提升其职工福利水平,促进非公有制企业的人才流入,提高其经营团队的稳定性。

四是通过费率杠杆和风险监控,督促企业主动健全风险管理和防灾防损机制,并将其风险成本纳入整体成本考核中,完善其成本预算机制。例如环境责任保险将企业潜在的环境污染成本转化为事前的固定保费,并根据企业防灾防损水平设置不同费率,督促企业主动提高防灾能力,保险公司还会为企业提供专业的风险预防方案,如根据企业生产环境加装消防设施、监控设施等,帮助其建立科学的风险管理机制,实施风险减量管理。

---

① 张建军:"宁波城乡小额贷款保证保险缓解中小企业贷款难",2014年3月5日,http://news.cnnb.com.cn/system/2014/03/05/008002687.shtml。

二、保险为完善现代市场体系提供全面制度供给,支持供给侧结构性改革

保险作为内生于市场经济的风险管理手段,通过为现代市场体系提供全面的风险管理服务推动市场经济实现自我保障,减少了以政府干预保障市场经济稳定发展的需求,推动市场在资源配置中起决定性作用,进而推动现代市场体系的完善,并有效推动国家政策落地实施,支持供给侧结构性改革。以十八届三中全会《决定》的改革规划为脉络,保险在完善现代市场经济方面的主要路径可以归纳为以下几个方面:

1. 支持建设社会信用体系、保障市场化退出机制、保障新产品准入等方面提供重要支持,服务市场规则完善

首先,通过大力发展信用相关的产品服务支持社会信用体系建设。一是保险通过信用保证险等产品提供信用风险服务,从单独的保险产品扩展为包括贸易担保、应收账款融资、信用评级等一系列服务在内的一揽子产品,在商贸信用、个人信用等方面提供相应保险保障。二是保险业通过建设自己的信用数据库来支持社会信用体系建设,甚至成为社会信用的重要管理主体,目前国际知名信用险公司都建立了庞大的信用数据库。例如全球三大信用险公司,裕利安宜建立了世界级的服务网络和拥有 4000 多万公司的中心风险管理数据库,平均每年承担 20 万份债务的追收业务,科法斯和安卓公司也掌握着全球 4000 万家以上的公司的信用状况。三是保险业为社会信用体系提供个人保险记录、企业保险水平等保险信息,支持社会信用体系更全面地测定信用水平,成为信用体

系建设的重要组成部分,例如美国、日本等国家的个人保险记录就是其个人信用制度的一部分,购买何种保险、拥有多高的保障水平成为衡量个人信用水平的重要标准。

其次,积极参与社会保障体系建设,提升保障广度和深度,为市场化退出机制提供保障。社会保障是缓和社会矛盾、为市场化退出机制提供后援支持的重要手段,保险作为社会保障制度的重要补充,其参与社会保障体系的程度日益加深,重要性日益突出[1]。保险一方面通过提供商业养老保险、意外健康保险、大病保险、失能收入损失保险等产品支持建立健全多层次社会保障体系,另一方面通过提供人寿保险、养老保险、家庭财产保险、责任保险、保险理财产品等,促进个人经济保障体系建立,并提升民众的风险保障和理财意识,抵御市场化退出机制对民众生活带来的扰动,保障市场化退出机制顺利运行。同时,保险不仅能在社会保障的基础上提供水平更高、种类更丰富、覆盖更全面的保障服务,而且还能为社会保障制度引入市场化机制,促进社会保障服务效率的提升,主要包括保险公司受托管理社会保障基金、通过保险合同为参保人员提供风险服务、与社保机构实施风险共担等代表模式。例如英国国民医疗保障体系就引入了商业保险公司参与管理保障基金并提供医疗服务,使病人等候时间明显缩短,患者的就医选择权得到保证,有效提升了管理和服务效率。我国医疗保障体系的"湛江模式"、"厦门模式"、"晋江模式"等模式,将商业保险引入社会医疗

---

[1] 我国已多次颁布重要政策文件强调发展商业保险对社会保障体系的重要性。例如十七大报告中指出要"以慈善事业、商业保险为补充,加快完善社会保障体系",三中全会决定在第45节指出"制定实施免税、延期征税等优惠政策,加快发展企业年金、职业年金、商业保险,构建多层次社会保障体系"。

保障体系,提高了医疗保障体系的运行效率和服务质量,使社会保障体系为市场化退出机制提供更充分的保障。

第三,通过相关保险服务为新产品准入提供保障。保险通过为生产商提供产品责任险、产品质量保证险等保障,降低或消除新产品进入市场可能产生的风险,提高生产者、监管者、使用者对新产品的接受程度。从美国等发达国家实践来看,保险人通过广泛提供产品责任保险,实质上已经成为产品产权的监护人和保证人,推动对社会有益的新产品进入市场。特别是在与生命健康密切相关的医药产品和食品业,生产商都会自觉地购买产品责任险来转嫁风险,而不是冒险将自己生产的产品投入到市场上。新产品的生产和销售,如果保险保障缺失将会产生较大不利影响,如,美国的猪流感疾病疫苗生产者就曾经因为保险公司不愿意承保而在一段时期内拒绝销售疫苗[①]。

2. 促进价格真实反映成本,保障价格风险,服务市场价格机制的完善

保险能够将风险成本纳入企业成本,具有外部成本内部化效应,通过费率厘定较为准确地反映企业面临的各种不确定性,促使企业进行更精确的成本核算,使价格能够更为真实地反映企业成本,推动市场价格机制的完善。因此保险业应针对各行各业企业面临的主要风险,开发对口产品服务,通过降低企业的经营波动来平滑企业价格水平,保障市场价格水平更为稳定。同时政府应采取激励或强制措施促使企业购买覆盖主要风险的保险产品。例如

[①] 〔美〕罗伯特·考特、托马斯·尤伦:《法和经济学》,上海财经大学出版社2003年版,第309页。

对高环境风险企业,试点强制环境污染责任保险制度,将企业潜在的对环境破坏风险转化为企业生产经营成本。

同时,大力发展价格指数保险等产品完善市场价格保护机制,特别是在事关国计民生的农产品领域予以推广[①],有效增强农户在市场流通领域的抗风险能力,尤其是在蔬菜离地价格出现大幅下跌时,可通过保险赔付的形式对农户进行成本补偿,以保护其生产积极性,稳定农产品市场价格。从国际经验来看,美国、加拿大、巴西、西班牙、法国等国家都将农产品价格风险纳入到农业保险保障范围之内,美国更是将大部分农产品价格风险纳入国家农业保险保障计划,提供收入保险(产量×价格)、价格风险、毛收益保险等产品。我国在四川等地的蔬菜价格指数保险、江苏的夏季保淡绿叶菜价格指数保险、北京的生猪价格指数保险也已经在保障生产市场稳定和保障种植养殖大户积极性发挥了显著作用。

3. 为失地农民提供保障,支持土地的顺利流转和建设用地市场的完善

统筹城乡发展和新型城镇化建设必然会造成土地流转和农民的市民化,在我国农村依然以土地作为重要生活保障工具的背景下,土地的流转会造成失地农民保障的缺失,甚至影响社会的稳定和变革,需要为失地农民建立基本生活保障机制,才能为土地的顺利流转奠定基础,支持建设用地市场的完善。我国目前的社会保障体系的保障程度有限,社保基金已经面临较大压力,难以对失地农民提供充分保障,再加上农民工流动性强、参保积极性不高等因素,使得大量失地农民游离于社会保障体系之外。因此保险业应

---

① 从国内外实践来看,价格指数保险目前主要覆盖农业产品。

积极对社会保障体系进行有效补充,通过开办失地农民保险,包括人寿保险、养老保险、意外健康保险、大病保险、家庭财产保险、工伤保险等产品,为失地农民提供水平更高、种类更丰富的生活保障,减少因保障不足引发的社会问题。同时应鼓励保险公司深度参与社会保障基金管理,提高社会保障体系的运行效率,如参与养老基金管理、新农合基金管理等。国际范围内已经有多项保险公司管理养老基金提升运行效率和收益率的成功案例[1],我国重庆市政府将商业保险引入被征地农民养老安置工作,开办储蓄式养老保险,由政府作为投保人,将农转非人员的安置补偿费作为保费向商业保险公司投保养老险,然后每个月按标准领取生活费直至终老,较好地解决了被征地农民的基本生活和长远生计问题[2],充分说明了保险在保障失地农民生活方面的重要作用。

同时,很多失地农民缺乏理财能力,有些农民在短时间内就将土地补偿款消耗殆尽,迅速陷入经济窘迫境地,甚至引发社会问题。建议通过法律规定、政策引导等方式优化土地补偿方式,将土地补偿款的一部分以养老保险、意外健康保险、家庭财产保险、工伤保险以及保险理财产品等形式赋予失地农民,帮助其实施科学的理财规划,保障其生活水平的长期稳定,为其建立长远的个人经济保障体系。需要指出的是,目前我国农民投保意识普遍比较弱,

---

[1] 除了以美国为代表的发达国家外,发展中国家也纷纷尝试让保险公司来管理养老基金,例如在上世纪90年代,智利、阿根廷由保险公司等管理的养老基金收益率,均较同期许多国家由政府管理的高出数个百分点。参见秦士由:"商业保险参与建立失地农民保障机制调查分析",《保险研究》2005年第9期。

[2] 整理自:徐强:"失地农民养老保障的商业保险化解途径——基于河南省失地农民的实证分析",《平顶山学院学报》2009年第2期;秦士由:"运用商业保险机制优化被征地农民养老保障运作模式",《保险研究》2008年第1期。

因此需要法规政策予以大力支持,快速扩大保险对失地农民的保障,在较短时间内建立和完善失地农民个人经济保障体系。

4. 保险能够保障金融市场稳定,丰富金融产品体系,支持完善金融市场

保险作为金融市场的重要组成部分,为金融市场完善提供重要支持,从国内外实践看,主要路径有如下四方面:

一是鼓励保险资金参与金融市场,发挥金融市场的重要支柱作用,保障金融市场的稳定发展。在发达国家,保险资金运用已成为西方现代金融保险业得以生存和发展的重要支柱,保险公司管理着全球40%的投资资产,资金运用率达到90%以上,投资领域涉及股票、债券、房地产、抵押或担保贷款等[1]。我国保险资金对金融市场的参与程度虽然和发达国家还有一定差距,但正在持续加深。保险资金具有长期性和稳定性的特点,风险管理要求很高,投资注重有效组合,不像游资那样逐利而动,因此对稳定金融市场具有重要作用。从美国经验来看,保险资金的严格风险控制有效保障了资本市场的稳定。美国保险业总资产规模仅次于商业银行、联邦放款机构,是第三大金融市场主体。由于保险资金风控严格,即便在次贷危机时期,除了AIG一家因为衍生品交易问题出现危机并以政府接管告终外,其他没有一家保险公司因为资产运用问题而倒闭[2]。

二是联合银行等其他金融机构,共同为市场主体提供融资支

---

[1] 张莹:"借鉴国外经验创新保险资金运用",和讯网,2011年6月10日,http://insurance.hexun.com/2011-06-10/130409637.html。

[2] 邓琳琳:《中国保险资金投资运用的现状、问题与政策研究》,华东师范大学博士学位毕业论文,2012年,第25—26页。

持与风险保障,形成多元化、多支柱的现代金融体系。保险公司联合银行等其他金融机构,通过保险保障风险、银行提供融资的方式共同为企业和个人提供多元化的金融服务,不仅能够保障市场主体的稳定运行,还能够促进创新型市场主体的发展。保险还能够通过自身产品服务的创新带动金融创新,丰富金融市场层次和产品。例如我国在重庆、上海、北京、温州、宁波大面积推行的小额贷款保证保险,以政府财政出资建立风险补偿基金、保险公司和银行按照约定比例以风险共担、银行提供商业贷款的经营模式,创新小微企业金融产品,有效解决融资难问题。同时,保险通过巨灾债券、巨灾期货等金融产品链接实体经济与金融市场,形成保险公司、证券机构、投资银行的通力合作,将风险通过金融市场向全社会分散,强化资本市场服务实体经济的功能。

三是通过发展小额保险、联结小额信贷等方式支持普惠金融发展,改善低收入群体风险状况与生活水平。普惠金融[①]强调社会资源公平分配,避免贫困差距进一步拉大,有助于改善低收入群体的贫困、健康、权利保护等问题,已经在世界范围内受到重视。在国际实践中,保险业通过小额保险等方式参与普惠金融建设,取得了良好效果,其支持路径主要可以概括为四个方面:首先,通过小额保险[②]为低收入人群尤其是农村家庭提供不确定性管理服务,包

---

① 普惠金融(Inclusive Finance),也被称作"包容性金融",最早由联合国于2005年提出。普惠金融强调通过加强政策扶持和完善市场机制,不断提高金融服务的覆盖面和可获得性,使边远贫穷地区、小微企业和社会低收入人群能够获得价格合理、方便快捷的金融服务。参见编写组:《中共中央关于全面深化改革若干重大问题的决定辅导读本》,人民出版社2013年版,第346页。

② 小额保险的推行并无固定的模式,但有一个核心特征,就是以低廉的价格为低收入群体提供丰富多样的保险和保障。

括小额农业保险、小额农房保险、小额家庭财产保险、小额寿险、小额意外保险、小额健康保险等产品。据 CGAP 统计,截至 2006 年 12 月有超过四十个国家和地区在实践 20 余种小额保险产品,累积受众已经超过 8 亿人次,成为继小额信贷以来发展最为迅速的农村金融产品[①]。其次,小额保险联结小额信贷,为低收入人群提供资金支持,促进其改善经济状况。例如在菲律宾、秘鲁等国家,保险公司和小额信贷机构就合作开办小额保险产品[②]。我国的农户小额信贷保险以农村信用社等农村金融机构发放小额贷款为切入点,转移农民因疾病、残疾或意外死亡导致的没有经济能力如期还贷的风险,解决了贷款农户和农村信用社两方面的风险保障问题。第三,小额保险为低收入家庭提供了可行的风险管理选择,推动低收入人群走向小康水平,并改善他们的风险意识和消费意识,激励其购买更高级的保险产品和其他金融服务,从而进一步推动金融市场发展。第四,保险业通过投资中小银行来推动其发展普惠金融,并借助保险专业技术降低发展过程中的资金风险。

四是通过资本运作对相关产业链进行整合,有效链接市场供给方与需求方,降低市场风险,推动金融市场功能的深度发挥。从发达国家实践来看,保险业频繁投资养老、健康等相邻产业,将养老、健康服务需求方和供给方通过保险机制进行有效链接。如英国保柏集团还经营养老院、医院和健康体检中心等机构,日本知名的收费养老机构"株式会社エスエルタワーズ"是由日本生命人寿

[①] 孙健、申曙光:"国外小额保险的理论及实践分析",《南方金融》2007 年第 7 期。

[②] 刘万:"国际小额保险模式问题研究",《保险研究》2008 年第 12 期。

相互保险公司主要出资建立的,"ロイヤルライフ奥沢"由日本明治安田生命保险公司主要参股①。相较于短期投资而言,高额、稳定的保险资金更有助于盘活产业资产、激发产业活力,并为相关产业提供风险管理服务。同时保险业一方面链接需求方,另一方面链接供给方,能有力推动供给与需求更好地契合,减少供需不确定性所带来的市场风险。

5. 大力发展科技保险等产品,服务科技体制改革,保障科技创新产业化

在经营实践中,科技保险②产品有力推动科技创新发展,获得了国家政策大力支持③。以我国人保财险提供的科技保险业务为例,包括企业财产保险、研发设备保险、营业中断保险、产品研发责任保险等多种产品,在2008年加入试点后的一年时间内就已经为484家客户提供了总额达585亿元的保险保障,有力支持了科技企业的发展。

但科技保险在我国发展仍相对缓慢,对科技企业的保障仍显不足,因此应大力创新推广科技保险,主要从以下五个方面推动科

---

① 韩冬杰:"保险公司参股与建立医疗机构的现状分析",《卫生经济研究》2011年第7期;高林:《保险资金进入养老产业的模式分析》,辽宁大学博士学位毕业论文,2012年,第22—23页。

② 在国际领域,并没有专门的"科技保险"这一概念,这是因为保险公司已经普遍通过多种商业保险手段帮助企业转移技术创新活动风险,没有必要专门用科技保险这个术语来概括。在我国保险实践中,科技保险一般是指保险针对科技企业或研发机构在研发、生产、销售、售后以及其他经营管理活动中,因各类风险导致的损失,提供相应保障的产品服务。

③ 在2006年国务院颁布的《国务院关于保险业改革发展的若干意见》中就明确指出"发展航空航天、生物医药等高科技保险,为自主创新提供风险保障",保监会随后公布的《关于加强和改善对高新技术企业保险服务有关问题的通知》中也表示要"大力推动科技保险创新发展,逐步建立高新技术企业创新产品研发、科技成果转让的保险保障机制。"2007年,保监会和科技部共同开展了科技保险试点工作。

技创新、服务战略性新兴产业：一是为研发过程中因研发困难或失败可能出现的经费损失、财产设备损失等提供财产损失保险、研发设备保险、项目投资损失保险等产品，保证研发过程的持续性开展，提高研发成功概率；二是为研发人员提供团体意外健康保险等产品，特别是在有一定危险性的研发试验中保障研发人员的人身安全；三是为科技研发过程中可能产生的对第三人的赔偿责任进行补偿，如提供产品研发责任保险、环境污染责任保险等，减免研发机构的赔偿责任，消除科技研发可能产生的矛盾纠纷；四是推广知识产权保险，为可能对科技企业造成的知识产权侵权进行保障。小企业对资金雄厚的侵权者提起诉讼是一件费时费财的事，通过知识产权保险可以满足公司抵御知识产权侵权的需要；五是通过贷款保证保险、信用保险等产品连结金融，增强科技企业和研发机构的信用水平，支持其获得资金支持，或者通过直接投放保险资金的方式来支持科技企业，从而激励更多的科研活动。

从国际经验来看，保险业一般采用两种方式支持科技创新，一种是提供单独险种规避技术创新活动中特定的风险，例如知识产权保险或专利保险，另一种方式是向某一类从事特定范围的技术创新活动的行业提供组合式保险服务，例如向生命科学行业等提供定制的保险解决方案。这些国际经验为我国科技保险未来发展目标提供了重要借鉴，有力推动科技创新发展。

6. 服务国家政策落地实施，有效支持供给侧结构性改革

供给侧结构性改革指用改革的办法推进结构调整，减少无效和低端供给，扩大有效和中高端供给，增强供给结构对需求变化的适应性和灵活性，提高全要素生产率，更好满足广大人民群众的需要，促进经济社会持续健康发展。供给侧结构性改革的主要任务包括去产能、降成本、去库存、补短板、去杠杆,而改革成功要求政府公共政策切实落地,确保改革做到"有力、有度、有效"。保险在供给侧结构性改革的五大任务中均能够发挥相应功能,应鼓励保险业发展相关产品服务,服务国家政策落地实施,支持供给侧结构性改革。

一是在去产能方面,为兼并重组、破产清算等企业市场化退出机制提供保障,支持失业人员再就业和生活保障,支持"破旧"平稳实施。同时通过提供企业财产保险、员工福利保险、营业中断保险、贷款保证险、贸易信用险等产品,助推战略性新兴产业稳定发展,支持国家产业政策落地,保障"立新"顺利开展。

二是在降成本方面,通过信贷保险机制降低企业融资成本,以及取代企业面临的一些高成本制度,例如通过无船承运人保证金保险、建设工程质量潜在缺陷保险、建设工程履约保证保险等取代原有保证金制度,释放企业冻结资金。保险还能够对接社会保险,开展社会保险经办,支持"五险一金"精简归并,减轻社会保险运行成本与企业负担。

三是在去库存方面,发展农民工保险、农民工工资保证保险、民生保险等,保障农民工权益,参与公共服务供给,促进公共服务创新升级,加快农民工市民化,助推新型城镇化国家战略加快实施,支持住房制度改革和房地产库存化解。

四是在补短板方面,通过发展扶贫保险支持精准扶贫和精准脱贫,支持补齐全面小康社会建设短板;通过发展科技保险支持企业开展技术改造和创新,支持补齐科技创新进步短板;通过发展三农保险支持农业现代化,链接供销社、无害化处理机构等农业社会化服务主体,加快推进新型农业社会化服务体系构建,支持补齐城乡统筹发展短板；通过保险资金投资基础设施领域，支持补齐基础设施建设短板；以民生保险、社保经办承办等形式参与公共服务供给，支持补齐公共服务短板等。

五是在去杠杆方面，首先深度参与资本市场，充分利用保险投资稳健重长期效益的特点，增强资本市场稳定性；其次通过贷款保证险、债券保险等产品，发挥风险保障功能，支持防范化解金融风险；第三，参与国家征信体系建设，用市场化机制解决信用违约问题。

三、保险减少经济社会对政府调控的需求，助推政府治理效能提升，服务政府职能转变

保险作为内生于市场经济的风险管理制度，能够支持市场经济实现自我保障，减少对政府调控的依赖，同时通过市场机制来化解社会纠纷，减轻政府的治理压力，支持政府向有限有为的方向转变，主要体现为以下三大路径：

1. 保障国家宏观调控政策的落地实施

基于保险日益突出的社会管理功能，保险已经在多个领域和国家宏观调控政策密切配合，支持其落地实施，取得了良好效果，应鼓励保险持续深化对国家政策的响应和配合，保障调控政策实施到位。

一是鼓励保险持续发挥财政放大效应，提高财政资金的使用效率，增强政策落地程度。通过保险制度安排，财政资金用少量的保费支出来获取充足的保障额度，避免财政巨额资金留存而产生资金闲置。同时和调控政策紧密互动，对政策鼓励发展的产业提

供量身定制的风险保障,使政策充分发挥调控功能。如农业保险对农业政策落地的巨大支持,美国财政通过一定比例的保费补贴,推动保险业为农业发展建立了全面的风险保障体系,提供了超过财政补贴近20倍的风险保障,确保农业发展和农民收入水平的稳定。我国农业保险在2009年至2013年的5年间,充分利用国家财政补贴,已经为我国农业发展提供超过1万亿元的风险保障,财政资金放大效应近100倍,有效推动了国家农业政策的落地实施。

二是鼓励保险业通过发展产业保险①来服务国家产业政策的落地实施。产业保险与国家产业政策紧密结合,能够为政策支持产业,特别是战略性新兴产业提供全面的风险保障服务。产业保险与产业金融紧密联结,为产业提供全方位的资金支持和不确定性管理,推动其孵化、发展和成熟。例如发达国家保险业为风电行业提供从立项、施工到运作的无缝隙保险,并建立专门的风险管理数据库,使其在损失保底的基础上全力投入科研与发展。我国保险业为航天业提供发射前保险、发射保险、寿命保险、第三者责任保险、服务中断损失保险等一系列保险产品,为核能工业提供核电站建筑安装工程险、核电站运输险、机器损坏险、物质损失险、核责任险等一系列保险产品,使相关产业的整个开发生产过程获得充足的风险保障。

2. 支持政府购买服务,推动政府治理效率提升

保险为生产生活提供多层次保险保障,其社会效应与政府在民生保障、财政救助、产业扶持等多方面提供的公共服务有高度一

---

① 产业保险还没有统一的概念,本章认为产业保险与产业金融类似,是通过与产业资本的结合,促进特定产业发展的保险活动的总称。产业金融(Industrial Finance)一般被认为是依托并促进特定产业发展的金融活动的总称。

致性。政府应推动向保险业购买服务,将部分治理职能交给保险承接,以节约财政资金、放大财政效应、提高服务效率,助推构建有限有为政府、缩小政府治理边界。从发达国家实践来看,政府购买保险服务已经是较为普遍的提高治理效能的方式,主要集中于社会保险和基本民生领域,形式包括签订契约、财政补贴等,参与的主要险种包括商业医疗保险、农业保险、巨灾保险以及政府自身保险等。例如在我国医保体系"湛江模式"、"太仓模式"等模式中,保险公司在提供大病医疗保险的同时,还为基本医疗保障提供医疗管理、单证审核等专业服务,设立住院代表及时了解反馈医疗服务情况,并协助医保经办机构开展医保政策宣传、咨询工作,全面提升了医保经办管理服务水平。

同时鼓励保险业为事业单位转型提供相关风险保障服务。事业单位通过去行政化转为企业或社会组织,原来由政府财政承担的风险将交由其自身承担,在人员流动转岗、管理转型等过程中,以及企业化管理都会产生新的风险,单靠事业单位自身难以满足风险保障需求,需要外部机制提供相应服务。保险作为风险管理的基本手段,能够帮助事业单位管理财产安全、施工生活保障、产品责任等方面的新的风险。例如我国保险业为中储粮提供涵盖火灾、爆炸、雷击、暴雨等风险的财产综合保险,有效提高其风险抵御能力,在2013年5月黑龙江中储粮库发生火灾后,保险为其粮食损失和储粮资财损失提供数百万经济补偿,保障其经营得到迅速恢复。

3. 在政府治理中引入保险机制减轻政府负担,精简相关机构,支持政府组织优化

保险作为内生于市场经济的基本风险管理手段,在政府治理领域通过引入保险机制,可以推动市场、社会自我保障机制的完善,减少对政府外部调控的需求。同时保险业在风险管理方面具有长期积累的丰富经验和专业优势,能够帮助政府提高治理效率,通过服务外包、联合管理、合署办公等方式精简相关管理机构,实现组织优化。如我国湛江市采取将商业保险引入社会保障体系的"湛江模式",建立了基本医疗保险和补充医疗保险相统一的一站式管理服务平台,实现合署办公,减少了社保部门的管理人员和运营成本,提升了行政效率和公共服务水平。美国农险从政府单轨制发展为政府与保险业双轨制,再到保险业单轨制,也充分说明了商业保险的渗透对政府组织优化的支持作用。

四、保险提高财政资金使用效率,支持财政预算的稳定实施,服务财税改革

1. 通过财政购买引入保险机制,发挥财政放大效应,提高财政资金使用效率

很多发达国家用财政资金购买商业保险服务,通过引入商业机制来提高财政资金使用效率,其效应可以归纳为以下三点:

第一,保险发挥费率杠杆效应,使财政在支付保费或补贴后获得高于保费上千倍的保险保障,放大财政效应。同时,财政资金通过引入保险机制,模拟市场机制,提高资金使用效率和风险补偿公平程度。发达国家在巨灾保障体系中积极引进保险公司参与,使政府能够节约大量用于建立保障基金和进行经营管理的财政资金,以较低财政支出建立起多层次、广覆盖的巨灾保障体系。

第二,由于保险节省了财政资金投入量,降低了政府融资需

求,减少财政对利率市场的影响,降低市场利率上升负面影响,降低了财政的挤出效应。

第三,政府通过采购、补贴等方式向社会提供保险服务,比政府救助等资金使用方式更加透明和精准,有助于构建公共服务阳光操作机制,实现公共服务决策、运行、监督的分离,提高公共资源的配置效能,推动灾害补偿去行政化。例如美国的国家洪灾保险计划,其销售、保单签发、损失评估和赔付处理,都由保险公司和保险中介公司来代理,联邦政府只负责制定规则、设计格式保单、支付劳务费,使财政资金使用更加阳光和精准。

2. 平滑灾害损失带来的预算波动

自然灾害、意外事故等突发事件会在一定程度上影响财政预算稳定性,特别是巨灾的发生会为预算造成较大波动,政府财政预算有计划的平衡与巨灾损失的不确定性存在着明显矛盾。因此应在巨灾保障等方面广泛引入保险机制,降低灾害事故对经济社会的扰动,不仅能够增强经济社会自我调节、自我平衡的功能,还可以缓解财政预算与巨灾损失之间的矛盾,有助于平滑预算波动。同时保险业应积极通过巨灾债券、巨灾期货等金融工具将风险在全球资本市场分散,扩大经济补偿能力,降低应付灾害事故的预算负担。在发达国家,保险业是重大自然灾害事故损失赔偿的主要给付主体,在迅速恢复生产生活水平的同时,也为财政预算的稳定做出了重大贡献。如 2005 年美国"卡特里娜"飓风损失的 49.8%由保险公司赔付,2012 年美国"桑迪"飓风损失的 46.1%由保险公司赔付[1]。

---

[1] 郭清:"五大问题拷问中国巨灾保险制度",《金融时报》,2014 年 6 月 18 日,http://finance.jrj.com.cn/ 2014/06/18065617430959.shtml。

五、保险管理新型农业经营体系建设和新型城镇化过程中的不确定性,服务城乡一体化建设

城乡二元结构是我国经济社会发展中最大的结构问题[①],是实现国家治理现代化所必须解决的问题,保险通过发挥在新型城镇化、新型农业经营体系建设等方面的支持作用,服务城乡一体化体制机制的完善。

1. 服务新型农业经营体系建设

农业科技、农村金融、农业保险被并称为现代农业发展的三大支柱[②]。在国内外实践中,保险已经通过农业保险等产品服务为新型农业经营体系建设提供了重要支持,其路径主要可以概括为如下四个方面:

一是通过农业保险为种植业、养殖业等农业产业面临的风险进行赔偿。目前农业保险补偿已成为农民灾后恢复生产和灾区重建的重要资金来源,农业保险的及时补偿能够保障农业生产不会因为灾害而出现严重中断,支持农业持续、稳定、健康发展,同时保险业还在积极开发保障适度、保费低廉、条款通俗的三农保险产品,不断完善对农业风险保障体系。例如,2009年我国东北旱灾,农业保险为5200万亩受灾作物支付赔款19.5亿元,占东北地区承

---

① 张高丽:"以经济体制改革为重点全面深化改革",载编写组:《中共中央关于全面深化改革若干重大问题的决定辅导读本》,人民出版社2013年版,第24页。
② "创新农业保险体系 服务'三农'发展新形势",财政部网站,http://www.mof.gov.cn/preview/jinrongsi/zhengwuxinxi/diaochayanjiu/201204/t20120417_643520.html。

保作物面积的 50%，占受灾作物面积的 30%。在 2010 年全国性重大洪涝灾害中，农业保险对受灾的 1900 万亩农田赔付 20.3 亿元[①]。

二是为涉农企业提供财产损失保险、责任保险、信用保证险等产品，并通过实施农业产业化项目，重点扶持现代农业发展，促进农业的集约化、规模化生产。以农业保险领域最大提供者人保财险为例，在山东东营、潍坊等地，与当地政府联合开展农业产业化保险项目，从蔬菜种植、家畜养殖、收获、运输、加工、出口提供一揽子保险保障服务，以保险为纽带理顺整个农业产业链，降低了产业链风险，促进了农业的集约化、规模化、现代化发展。

三是连接农村金融，为现代化农业产业项目提供风险与信贷的双重支持。现代化农业是一项投资和研发周期较长、经营要求较高的产业，且往往具有较高的技术含量，对信贷支持的要求较高。保险业通过开办种养两业保险和价格指数保险，并积极探索天气指数保险等新型产品，不仅保成本而且保价格，能够降低现代化农业经营不确定性，为涉农企业带来增信效应，实现与农村信贷等金融手段的有机组合。例如人保财险与陕西省政府部门联合开展设施蔬菜金融服务项目，对设施蔬菜提供保险服务，银行对参保农户优先予以信贷支持，有效支持了当地设施蔬菜产业快速发展，被誉为"银保富"工程。

四是为农民生产生活资料和人身意外健康提供保障，确保农民生产生活水平。保险一方面通过农机保险、农房保险等产品为农民生产生活资料提供风险保障，另一方面提供农民养老健康保

---

① 刘小微："放大效应无可替代 农业保险迎来新机遇"，《金融时报》，2012 年 12 月 24 日，http://www.financialnews.com.cn/bx/ft_102/201212/t20121224_23043.html。

险、农民小额人身保险等普惠保险业务,以及价格指数保险、收入保险等产品,从而能够为农民的收入水平和生活质量提供更为全面的保障。从国际经验来看,美国、加拿大、巴西、西班牙、法国等国家都将农产品价格风险纳入到农业保险保障范围之内。

2. 服务新型城镇化建设

城镇化是我国最大内需潜力所在,也是解决城乡二元结构这一我国最大结构性问题的关键举措之一,保险主要在新型城镇化的基础设施建设、基本公共服务提供、产业结构升级、城乡现代化同步发展、居民幸福感提升五大领域提供重要支持。

一是保险作为专业化风险管理机构和注重长期收益的资金提供方,为城市基础设施建设提供风险保障和资金支持。保险资金具有期限长、规模大、来源稳定等优势,无论是从保险资金的特性看,还是从国际成熟市场实践经验看,保险资金都适合于投资实体经济,弥补城镇化过程中大规模基础设施建设的资金缺口,特别是支持民生工程和国家重大工程的顺利实施。截至2012年年底,保险资金运用余额将近7万亿元,在基础设施项目上投资超过3000亿元[①],而且还有很大的增长空间,将成为未来城市建设的重要资金支柱。

二是保险作为实施社会管理和民生保障的重要参与者,协助政府为城镇居民提供均等化的优质公共服务。保险在广泛参与新农合、新农保业务的同时,积极开展工伤补充保险、养老补充保险、

---

① 根据相关报道,截至2012年年底,我国保险资金的运用余额达6.85万亿元,其中银行存款2.34万亿元,占比34.16%,投资4.51万亿元,占比65.84%。目前,保险业在23个省市投资基础设施项目已达3240亿元。参见肖扬:"保险资金运用迎来城镇化机遇",《金融时报》,2013年3月6日,http://www.financialnews.com.cn/bx/xw_99/201303/t20130306_27895.html。

住院医疗补充保险等业务,充分发挥风险保障和社会管理功能,有效支持基本公共服务完善,保障社会稳定运行。例如保险业承办的大病保险业务,利用社保结余资金,通过商业保险机制,在争取不让政府和老百姓多出一分钱的基础上[①],实现医疗保障金额的大幅提高,有效解决了"因病致贫、因病返贫"问题,大大提升了城镇化的质量。

三是保险通过实施全产业链风险管理和外部成本内部化,支持新型城市形成现代产业体系。城镇化要求大量农民成为真正的城镇居民,解决其就业创业问题,推动其收入水平提升,这需要通过产业转型升级来扩大吸纳就业能力。同时新型城镇化产城互动、生态宜居的发展要求也需要产业结构向集约绿色的方向转型。保险能够为新兴产业的经营管理过程提供全面的风险保障,降低新兴产业发展过程中的不确定性,为产业转型提供良好的发展环境。同时,通过环境责任险、公众责任险、产品责任险等产品发挥外部成本内部化效应,促使企业主动放弃易于造成环境污染、社会矛盾、意外事故的粗放发展模式,实施与自然、社会和谐共存的集约化发展模式,支持新型城市形成结构优化、清洁安全、附加值高、吸纳就业能力强的现代产业体系,降低新型城市建设和运行风险。

四是保险通过提升农业产业发展效率,推进城乡发展一体化进程,实现城镇化与农业现代化的协调发展。城镇化建设将吸收

[①] 《关于开展城乡居民大病保险工作的指导意见》中规定,"从城镇居民医保基金、新农合基金中划出一定比例或额度作为大病保险资金。城镇居民医保和新农合基金有结余的地区,利用结余筹集大病保险资金,结余不足或没有结余的地区,在城镇居民医保、新农合年度提高筹资时统筹解决资金来源,逐步完善城镇居民医保、新农合多渠道筹资机制。"发改委公开表示,大病保险所需要的资金从城镇居民医保基金、新农合基金中划出,不再额外增加群众个人缴费负担。

和转移大量农村闲置人口,但也会带来农田闲置、产能下降的问题,需要农业产业化、农业现代化予以支持。如上文所述,保险通过为涉农企业提供全面风险保障服务,并联结农村金融为现代化农业产业项目提供风险保障与信贷双重支持,降低整个新型农业经营体系的不确定性,助推城乡协调发展,为新型城镇化解决后顾之忧。

五是保险通过提供日益多元化、个性化的保险保障,提升城乡居民的安全感和幸福感。随着大量农村人口成为城镇居民并融入城镇生活,其保障需求层次也将不断提高,同时人口的集中也会带来风险的集中,居民在收入提升的同时对于安全感的需求也在上升,例如城市火灾等事故风险将大幅提高居民对家庭财产的保障需求,随着转移人口迁入城市、收入水平提高,在教育、医疗、出行等方面也会有更高的保障需求。这些都需要保险通过家庭财产保险、校园方责任险、意外健康保险、商业养老保险等相应产品服务来满足,从而推进居民生活方式的城市化,并增强城镇化拉动内需的效果。

3. 支持赋予农民更多财产权利,促进资源均衡分配

我国目前对农民的权益保障明显不足,支持赋予农民更多财产权利是推进改革成果平等分配的重要举措。保险机制的引入能够有效提高对农民财产的保障水平,促进资源在城乡间均衡分配,其主要路径有,一是通过农房保险、农房抵押保险等产品构筑对农民财产的安全网,补偿灾害事故对农民财产造成的损失。二是通过参与新农合等农村社保体系建设,以及推广农村商业健康保险、养老保险、公众责任保险等,为农民提供范围更广、程度更高的保障服务,增强农民在生产生活中的风险抵御能力。三是通

过涉农保险财政补贴,推动资源以财政分配和风险保障形式向农村倾斜,间接实现城市对农村的反哺。例如我国商业保险积极参与新农合,截至 2014 年 5 月,已有 9 家公司在 941 个新农合统筹地区开展大病保险试点,覆盖人数 2.92 亿[①],2015 年前 9 个月,保险业在全国 242 个县经办了新农合业务,受托管理新农合基金 70 亿元,并推出异地理赔查勘、代结算等服务,在减轻农民医疗负担、缓解因病致贫和返贫状况、保障农民健康方面发挥了重要作用。

六、保险管理我国扩大开放过程中的不确定性,支持"走出去"发展战略,服务开放型经济新体制构建

1. 支持投资准入放宽

推进金融、教育、文化、医疗等服务业领域有序开放是我国构建开放型经济新体制的重要举措,保险可以起到重要的支持作用,主要表现为以下三个方面:

一是通过发展行业责任险,如医疗责任保险、工程监理责任险等,为相关行业提供专业的风险保障,支持新进入者顺利进入市场并稳定发展,间接降低行业准入门槛。

二是为外贸企业提供多元化风险服务,服务国家贸易发展战略。例如为外贸企业提供信用保险、资信评估、商账追收等一系列风险服务,保障企业在对外贸易中的正当权益,增强外贸稳定

---

① 冯会玲、刘玉蕾:"我国将加快推进商业保险机构参与新农合大病保险工作",中国广播网,2014 年 5 月 4 日,http://china.cnr.cn/NewsFeeds/201405/t20140504_515428672.shtml。

性。如裕利安宜、科法斯、安卓等国际信用险公司,不仅通过信用保险保障贸易风险,更通过提供买方资信调查、国别风险分析、商账追收等服务为外贸企业提供多元化信用服务。以及通过出口信用保险、贷款保证保险等产品联结金融,增强外贸企业信用水平,帮助其获得信贷支持,特别是有效解决外向型小微企业的融资难问题。

三是为企业海外发展提供保险产品及相关支持,服务国家走出去战略。例如对在国外设厂经营、参股控股的企业,提供针对相应国家国情的保险产品和服务,如境外投资保险等,确保生产经营的持续运行。特别是国内大型金融保险集团已经开始率先实施国际化战略,建立了国际化经营网络,精通国际法律规定和商贸规则,掌握大量国际信用资讯,并与国际再保险市场建立了长期稳定的战略合作关系,依托软硬件优势实施海外保险布局,为走出去的企业提供全球风险服务。以及通过提供董事责任险等产品,为海外上市企业提供董事高管人员经营风险保障,以适应发达国家对董事高管职业责任风险的高度重视和较高的索赔意识,护航企业海外上市。

2. 支持自贸区建设

建立自由贸易试验区是我国在 TPP、TTIP、PSA① 的围追堵截和二次入世的外在压力下,在内生改革需要动力和推力的重要关头,推出的一项重要的改革顶层设计和国家战略。保险在自贸区建设中将发挥重要支持作用。以上海自贸区为例,保监会

---

① 目前美欧日力图通过跨太平洋伙伴关系(TPP)、跨大西洋贸易与投资伙伴关系(TTIP)和多边服务业协议(PSA)来形成新一代高规格的全球贸易和服务业规则以取代 WTO 规则,实现国际经贸版图的重新划分和控制。

在对上海保监局的批复中提出了八项措施支持自贸区建设，包括支持自贸区保险机构开展境外投资试点和人民币跨境再保险业务，支持上海开展航运保险，推动航运保险定价中心、再保险中心和保险资金运用中心等功能型保险机构建设，并且发布了进一步简化行政审批支持自贸区发展的通知，体现出保险业对自贸区各领域建设的大力支持。目前保险公司已经开始入驻上海自贸区，并且开始推进上海交易所建设。随着我国自贸区建设的不断推进，保险将在航运保险、高端健康险、责任险、信用保险等多个领域为自贸区提供风险保障服务，并通过建立再保险中心、离岸保险市场试验区、保险资金海外投资基地等举措支持自贸区发展。

3. 支持内陆沿边扩大开放

扩大内陆沿边开放是推动内陆贸易、投资、技术创新协调发展，升级产业布局的重大举措。保险业一方面能够通过发展产业保险支持内陆产业集群发展，并通过联结产业金融来推动战略性新兴产业的发展，支持内陆产业转型升级，优化产业结构。另一方面，通过为企业提供国内贸易信用险等服务，为商贸行为提供保障，降低违约等风险带来的扰动，提高企业信用水平和财务稳定性，增强其扩大贸易规模的信心，支持其进一步开拓市场，并促进社会信用体系建设，从而实现支持内陆贸易发展、服务国内市场一体化战略的良好效应。中央及地方政府长期重视对国内贸易信用险的政策推动，已经连续多年对其进行保费补贴，《国务院办公厅关于金融支持经济结构调整和转型升级的指导意见》明确提出"推动发展国内贸易信用保险"，充分体现了保险的重要作用。

第二节　保险机制支持法治中国建设,助推政治体制改革

社会主义民主政治建设、法治中国建设和权力运行制约与监督体系是政治领域改革的三大内容。保险型社会下,保险将有力推动这三大领域的改革。保险崇尚契约精神、服务社会主义民主政治建设,支持司法体系完善、服务法治中国建设,支持政府服务工作外包、服务权力运行制约与监督体系建设。三大领域中支持法治中国建设是关键。

法治是治国理政的基本方式,也是全面深化改革的基本遵循。司法改革是全面深化改革的重点之一,通过司法改革推动法治中国建设,能有效解决当前经济社会存在的矛盾问题,并为国家治理现代化提供法治保障。

保险可通过以下两大路径支持司法体制改革:一是以风险管理保障法律的有效实施,推动法律制度体系的进一步完善;二是通过诉讼保险、职业责任险、人身意外险等,协助政府建立健全法律援助、职业保障等人权司法保障制度,保障相关人员的合法权益。

一、保障法律得到有效执行,有助于法律制度贯彻实施

1. 推广责任保险、信用保证保险等产品,保障民事赔偿责任有效履行,减少法律诉讼,节省司法资源

在现代社会中,损害赔偿不再是单纯的个人纠纷问题,同时也

是一个社会问题。在现实社会中,受害人可能会因如下两种情况而难以获得充分的经济赔偿,一是责任主体在追究赔偿责任时可能已经灭失,如责任主体是已经注销的法人单位,受害人难以获得赔偿;二是责任主体存在但没有足够的经济赔偿能力,受害人不能获得足额补偿,甚至部分责任主体会故意隐匿、转移财产来逃避赔偿责任。这两种情况都将影响法律实施的效果和公信力。在现代社会,实现损害赔偿社会化以保障受害人利益是法律的重要发展趋势。在保险型社会,通过责任保险、信用保证保险等方式支持损害赔偿社会化,保障法律得到有效执行,在很大程度上保障受害人依法获得赔偿的权利的实现,为受害人主张权利提供更多的激励,促进民事赔偿法律制度的落实和"实质正义"的实现,从而有效化解矛盾纠纷,提升社会整体福利水平。

在西方发达国家,责任保险有效推动了侵权法的修订完善[①]。许多国家在制定民事责任法律法规时,除界定致害人应当承担的经济赔偿责任外,还规定了这种潜在责任的承担方式或转移途径,包括强制责任保险、财务保证和提供担保等,以保障赔偿责任的落地执行。其中,绝大部分国家选择责任保险作为转移方式。例如,美国的破产法规定,破产管理人必须购买经认可的执业责任保险;法国的相关法律规定,医护人员等服务业从业人员必须投保相应的责任保险;德国的《环境损害赔偿法草案》规定,工商企业必须投保公众责任保险[②];英国的律师、地产经纪人、保险代理人等协会,

---

[①] 秦君宜:"责任保险制度对现代侵权法发展的影响",《经济研究参考》2004年第32期。

[②] 谢书云:《我国责任保险市场发展研究》,厦门大学博士学位毕业论文,2008年,第62页。

要求所有的会员必须投保相应形式的专家责任险,否则不能成为会员执业。在西方社会,责任保险已经渗透到社会生活的各个领域,并成为管理社会、履行法律赔偿责任的主要倚重力量,是侵权法制度不可或缺的组成部分。例如,在 1973 年至 2000 年间,美国个人侵权责任成本的 98% 都由保险公司承担[①]。

目前中国特色社会主义法律体系已经基本形成,我国法治建设中存在的主要问题是没有完全做到有法必依、执法必严、违法必究,法律缺乏必要的权威,得不到应有的尊重和有效的执行。因此保证法律得到统一、正确、严格执行,已经成为全面落实依法治国基本方略的关键[②]。而民事责任赔偿能否顺利实现,直接影响法律执行的效果和权威。我国可以借鉴西方发达国家经验,除界定致害人应当承担的经济赔偿责任外,还规定将投保责任险、信用保证保险等列为这种潜在责任的承担方式或转移途径,以增强侵权法补偿功能,保证受害人能够获得充足的赔偿,有效维护法律的尊严和权威。如《无船承运人管理条例》规定在传统的保证金之外,增加责任保险作为致害人承担经济赔偿责任的承担方式。

2. 推广诉讼财产保全责任保险等产品服务,为司法机制的顺畅运作和有效履行提供保障

在诉讼财产保全制度实践过程中,常常因债权人无力提供担保而不能保全,给债务人留下转移、隐匿财产的机会,导致案件赔偿执行难,造成"赢了官司输了钱"的情况。传统的、依靠自有财产

---

① Shavell, Steven, Economic Analysis of Accident Law, http://papers.ssrn.com/abstract=367800, 2005-10-31.

② 孟建柱:"深化司法体制改革",载编写组:《党的十八届三中全会决定学习辅导百问》,党建读物出版社、学习出版社 2013 年版,第 108 页。

和担保公司担保的解决方式,已难以适应目前快速增长的保全担保需求,甚至在一定程度上阻碍了司法公平的实现。因此,应大力发展诉讼财产保全责任保险等保险产品,降低民事诉讼保全制度门槛,避免因债务人转移、隐匿财产导致司法执行难,确保司法判决得到有效实施。目前诉讼财产保全责任保险已经得到我国司法部门的肯定和大力推广,在全国范围内承认该保险的法院已经超过700家。截至2016年1月,诉讼财产保全责任保险在广东省(不含深圳)已为诉讼财产保全提供风险保障约7.2亿元。

二、协助完善人权司法保障制度,保障相关人员合法权益

1. 发展诉讼保险等产品,配合法律援助制度,保障公民诉讼权利

高昂的诉讼费用会导致公民回避通过法律解决纠纷,使法律在公民心中成为空中楼阁,从而成为影响司法公正和制约司法能力的深层次问题之一。国际上,诉讼保险与法律援助是保障当事人能够有效运用法律手段维护权益的两大制度安排。在法律实践上,无论从案件条件还是从经济条件上看,法律援助的适用范围都十分有限,而诉讼保险由于没有具体的案件条件和经济条件限制[1],因此具有良好的适用范围,可以成为法律援助制度的补充和替代,并能有效减轻政府负担。

目前欧洲、日本等发达国家都已建立较完善的诉讼保险制度。其中,德国是诉讼保险业最为发达的国家,其诉讼保险几乎涵盖了

---

[1] 骆东平:"诉讼保险与法律援助制度之比较研究",《湖北省社会主义学院学报》2004年第3期。

与消费和财产有关的一切诉讼保险,约有一半以上的人口参加了诉讼保险①。英国诉讼险中可以投保的类别包括车辆事故险、消费纠纷险、人身伤害险、民事或刑事辩护险等②。日本诉讼保险的对象除了知识产权诉讼、交通事故、医疗事故、产品责任事故、学校事故外,还包括因盗窃、伤害、杀人等犯罪行为造成的损害要求损害赔偿所产生的诉讼费用,但仅限于事故的受害者③。

我国实践中已经出现了个人法律费用补偿保险等产品,但还未建立正式的诉讼保险制度,仍主要通过法律援助、诉讼费用的缓减免等措施实行权利救济,不仅严重依赖于财政资金,而且范围和条件都有较严格的规定,难以满足广大群众的需要④。诉讼保险制度在我国的引入,将分散公民承担的诉讼风险,降低和减少民众诉讼所带来的费用风险,有效保障公民诉讼权,并减轻政府法律援助的压力,最终实现"让人民群众在每一个司法案件中都感受到公平正义"⑤。

2. 完善从业人员权利保障机制,补偿职业责任过错的损害

法治社会运行和法律体系实施都离不开相关人员依法尽职履职,保险通过协助政府建立健全法官、检察官、警察等司法人员及律师的人身安全和职业责任等权利保障机制,补偿职业责任过错对受害人的损害等途径,保障法治建设。

---

① 傅春燕:《诉讼保险制度研究》,厦门大学博士学位毕业论文,2009年,第15—17页。

② 骆东平:"诉讼保险与法律援助制度之比较研究",《湖北省社会主义学院学报》2004年第3期。

③ 小岛武司:"司法改革与权利保护保险",万艳红、段文波译,载陈刚主编:《比较民事诉讼法(2001—2002年卷)》,中国人民大学出版社2002年版,第68页。

④ 郑若颖:"我国诉讼保险制度构建探析",《行政与法》2014年第2期。

⑤ 习近平在2013年2月23日政治局集体学习上的讲话。

一是为司法人员提供人身风险保障。当前我国正处于社会矛盾凸显期,矛盾的对抗性和敏感性增强,再加上不少民众的法律意识淡薄、法制观念不强,导致暴力抗法、妨害公务等类似事件屡有发生。例如,2003年至2008年,广州市中院就发生28起暴力抗法或法官受伤害事件。十八届三中全会提出要"健全法官、检察官、人民警察职业保障制度",保险通过为法官、检察官、警察等司法从业人员及其家属提供人身意外险、医疗险、财产险等保障服务,协助政府构建完善的职业保障制度,为司法人员依法公正履职提供必要的保障。

二是弥补来自司法权不正当适用的侵权后果。法院裁判错误会给当事人造成人身及财产利益损失,构成了一种司法权不正当运用的现实风险。保险支持政府通过财政出资购买赔偿责任保险,以保险补偿方法去弥补来自司法权不正当适用的侵权后果,减少司法机关与诉讼当事人正面冲突的机会,保护双方当事人合法权益,降低社会矛盾和纠纷。我国保险业可以协助政府进行创新尝试,将原本由国家司法制度内部即监督体制内发生的枉法裁判,上诉与申诉以及国家赔偿制度承担的追究与矫正司法裁判错误的设计,变革为商业化的保险模式,克服目前我国司法体制下责任追究与受侵害者经济赔偿一元结构的弊端[1],从而健全错案防止、纠正、责任追究机制,支撑我国法制化进程。

三是为律师提供责任风险保障。律师是法治文明建设的重要标志,律师的职责在于维护当事人合法权益,同时推动法治进程、维护法律正确实施。随着法治社会建设的深入,律师的职业重要

---

[1] 徐卫东、赵亮:"法官赔偿责任保险制度可行性研究",《学术交流》2012年第12期。

性不断提高,同时其执业过程中的风险也日益增大。例如,我国《证券法》第 161 条规定,律师要对其出具文件的真实性、准确性、完整性承担责任。再加上其他的泄密、疏漏、越权等各种过错和意外,律师行业面临较大的执业责任风险。为发挥充分律师在法治建设中的作用,十八届三中全会《决定》中提出要"完善律师执业权利保障机制""发挥律师在依法维护公民和法人合法权益方面的重要作用",律师责任险可以提高律师承担职业风险的能力,从而推动律师行业真正成为可以向社会承担全面法律责任的行业,有利于司法体系建设和完善。

第三节　保险弘扬社会主义价值观,助推文化体制改革

国家治理现代化建设需要培育与之匹配的文化理念,促进社会大众广泛认同现代化治理体系,并完善现代文化市场体系以满足国家治理现代化体系的文化需求。保险一方面通过宣扬互助共济、诚实信用、尊重契约、自我保障等保险精神,支持培育与国家治理现代化相匹配的文化理念;另一方面通过为文化产业提供风险管理、融资支持等服务,推动文化产业的发展繁荣,支持我国现代文化市场体系建设和现代公共文化服务体系建设。

一、传播保险文化理念,支持培育与国家治理现代化相匹配的文化理念

国家治理现代化要求治理主体、治理方式、治理规则都走向现

代化,向多元交互共治的方向演进,这就要求建设与国家治理体系现代化相匹配的文化价值体系。在数百年的发展过程中,保险自身形成了包括互助共济、诚实信用、尊重契约、自我保障等价值理念的保险精神,与国家治理现代化的文化需求具有很大程度的内在一致性,能够促进社会大众对多元治理体系的认同,从而助推文化改革方面发挥重要作用,其路径可以概括为以下几个方面。

1. 支持弘扬社会主义核心价值观

"推进国家治理体系和治理能力现代化,要大力培育和弘扬社会主义核心价值体系和核心价值观"[1]。社会主义核心价值观从国家、社会、公民个人三个层面为国家治理体系及其现代化起到了定向导航的作用,是实现国家治理现代化过程中的"重要指引"[2]。保险精神所宣扬的互助共济、诚实信用、尊重契约、个人保障等价值理念,与社会主义核心价值观所强调的和谐、公平、诚信、法治、平等价值取向具有内在一致性。保险业不仅要促进保险产品对经济社会的广泛渗透,也要促进社会大众接受保险精神,支持弘扬社会主义核心价值观,构建与国家治理现代化相匹配的文化价值体系。

2. 支持普及法治和契约精神

现代化国家治理体系重视法治与契约属性,关注法律制度所提倡的公平正义,尊重契约的订立和执行。我国目前仍在一定程度上存在法治与契约精神得不到应有尊重的情况,需要向社会大众普及法治与契约精神。保险自诞生之时起就推崇诚实信用、公

---

[1] 习近平:"完善和发展中国特色社会主义制度,推进国家治理体系和治理能力现代化",《人民日报》,2014年2月18日。
[2] 陈磊:"习近平首次系统阐述国家治理体系现代化理念",《南方都市报》,2014年2月20日。

平交易的契约精神,以"最大诚信原则"作为基本原则之一,并注重对法律规范的严格遵守和利用法律手段解决纠纷。保险业应不断创新产品,提升与消费者需求的契合度,监管机构、政府部门等主体也应大力推动公众认可保险产品,使公众越来越广泛地通过契约形式来管理风险,以及在出现矛盾纠纷时主动采用法律手段来维护自身权利,法治和契约意识不断增强,并推动公众在其他领域形成对法治、契约精神的认可。发达国家人均保单数一般都在5张以上,一些国家甚至超过10张①,社会大众普遍采用契约方式来保障自身风险,在出现纠纷的时候会按照契约条款履行相应义务,以及采取法律手段来维护自身权益,使法治和契约精神深入人心。

3. 引导社会大众建立自我保障意识,推动对现代治理体系的认同和遵守

我国民众在长期计划经济体制下由于个人经济保障体系②的缺失,形成了对政府和集体的高度依赖,这种文化意识在市场经济体制下对政府治理造成了极大的压力。保险能够通过风险保障意识的传播,促进个人经济保障体系建立,并通过保险观念对民众进行长期潜移默化的渗透和影响,推动其对政府和集体高度依赖的保障意识的转变,使其认同和参与多元化现代治理体系。民众通过参加保险来进行风险管理和理财规划,也有助于培养真正体现市场经济精神

---

① "保险改变我对人生看法 发达国家人均保单超5张",新浪网,2007年6月18日,http://finance.sina.com.cn/money/insurance/bxsd/20070618/08223699643.shtml。

② 个人经济保障体系是指为个人生活提供经济保障的制度性安排。个人经济保障体系包括自我保障、雇主保障、政府保障和其他保障安排。参见孙祁祥、郑伟:《保险制度与市场经济——历史、理论与实证考察》,经济科学出版社2009年版,第78—79页。

的自我保障意识,并引导公众对自身权利保护、履行社会责任、互助共济等领域加以关注和思考,有助于唤醒民众的独立意识和主体意识,激励其积极参与到保障体系改革及制度运行中来。因此一方面保险业应创新开发治理功能突出的产品,承接政府一部分治理职能,另一方面政府应积极推进保险服务采购及促进民众主动购买保险产品,改变以往政府责任过于集中、社会动员不充分的状况,促进政府、市场、社会在国家治理体系中角色的重新定位,支持我国向三元现代治理体系迈进。以美国为代表的发达国家保险业,通过保险理念和产品的渗透,已经建立起较为完善的个人经济保障体系,并引导公众将风险保障理念应用到生活的方方面面,民众在遭遇意外事故时,第一反应就是是否购买了相关保险产品,并根据自身风险状况的变化来对所拥有的保险产品组合进行调整,体现出自我保障文化的广泛普及,使政府治理的压力得到明显降低。

4. 助推弘扬中华民族传统优秀文化,支持中国梦的实现

中华民族具有和谐仁爱、诚信守约、艰苦奋斗、勤俭节约等传统优秀文化,追求"老有所终,壮有所用,幼有所长,鳏寡孤独废疾者皆有所养"的让每个人都得到充分保障的大同社会,这是支持中华民族生生不息的文化基础,需要在推进国家治理现代化过程中继续弘扬并发挥其文化导向作用。保险所蕴含的共济互助、诚实信用、自我保障等理念与中华民族的优秀文化不谋而合,有利于弘扬传统优秀文化,支持构建具有中国特色、民族特性的价值体系。同时,保险通过风险的分散与共担实现了全社会对风险的联合应对,保障社会安定有序,促进社会和谐发展,支持中国梦的实现。"实现中国梦必须凝聚中国力量……生活在我们伟大祖国和伟大时代的中国人民,共同享有人生出彩的机会,共同享有梦想成真的机会,共同享有同祖国和时代一起成长与进步的机会。"①保险能够为社会大众建立完善的个人经济保障体系,降低其生产生活的各种不确定性,消除其后顾之忧和不安全感,使其在稳定和谐的环境中通过自身奋斗实现目标,并通过共济互助机制广泛联结社会个体以增强社会凝聚力,支持中国梦的实现。因此保险业应时刻把握大众需求,不断完善产品体系,降低产品购买门槛,针对不同人群建立定制化经济保障体系。

二、保险服务现代文化市场体系和现代公共文化服务体系建设

现代文化市场体系建设和现代公共文化服务体系建设是文化领域改革的重点内容,保险能够通过促进文化产业的发展繁荣,服务现代文化市场体系建设和现代公共文化服务体系建设,服务路径可以概括为两大方面:

1. 为文化产业提供多环节、多层次的风险管理服务

文化产业具有高知识性、高附加值和新组织方式、新营销模式等特征,与一般服务业相比具有较为复杂的风险特征,更需要契合其风险需求的保险产品提供保障,以降低经营管理过程中的不确定性。保险业需要针对文化产业的特殊发展需求,借鉴国际经验,开发对口保险产品,设计一揽子产品组合,保障文化产业稳定发展。在发达国家,保险已经渗透到文化产业多个领域,可以为文

---

① 习近平:"实现中国梦必须凝聚中国力量",新华网/中国政府网,2013 年 3 月 17 日,http://news.xinhuanet.com/2013lh/2013-03/17/c_115052765.htm。

产业提供多环节的风险管理服务。以文化产业中具有代表性的影视产业为例,国外影视制作一般都要投保四类保险,包括制片人一揽子保险、制片人错误与疏忽责任保险、财产和责任保险、完工保险等,保险为影视业提供了从前期设计到顺利完工的一系列风险保障服务,已经成为影视制作不可或缺的环节。保险还能为具有较大毁损风险的文化产品提供保障,例如人保财险在2011年推出的国内第一款艺术品综合保险产品,就为价值高达1.2亿元的艺术品提供综合保险保障,保险责任涵盖因盗窃、火灾、自然灾害等各种原因导致的艺术品毁损和贬值损失风险[1]。

2. 支持文化产业投融资,为文化产品完工提供重要保障

文化产业投资具有风险高、数额大、投资回报周期长等特点,相对其他产业而言获得投融资支持的难度较大。保险业应联结其他金融产业,通过降低投资过程中的不确定性,发挥增信功能支持文化产业获得融资,保险业自身也可以考虑通过向文化产业投资来支持其发展。以美国电影业的夹层融资为例,投资方会要求制片商找一个权威性的销售代理商,评估未完工影片可能的未来收入,核定贷款额度,同时由专门的保险公司承保,为银行提供完工保证,制作公司将制作费的2%—6%支付给保险公司[2]。保险对美国电影业的融资支持就充分证明了这一功能,在影视业发达的地区,如果没有保险业提供完工担保的话,电影公司几乎不可能从银行得到贷款,例如电影《卧虎藏龙》,就是通过完工保险的形式获得

---

[1] 曲哲涵:"保险业试水文化金融需要政策扶持",《中华工商时报》,2012年3月9日,http://finance.sina.com.cn/money/insurance/bxdt/20120309/000111546539.shtml。

[2] 余晓泓:"美国文化产业投融资机制及启示",《改革与战略》2008年第12期。

了 1500 万美元的贷款而完成的①。

第四节　保险服务社会管理创新,助推社会治理体系建设

在长期执行的赶超式经济发展战略、市场经济体制的转轨和既有的行政管理体制背景下,我国社会改革明显落后于经济改革,社会发展与政府服务落后于经济市场化。当前我国处于社会矛盾多发期,过去行之有效的一些管理理念、制度、手段、方法已经难以完全适应。创新社会治理体制与机制已经成为国家发展进程中面临的重大且紧迫的任务。

保险以风险管理和民事赔偿责任有效履行为手段,降低化解社会治理中的不确定性,将在我国社会领域改革过程中发挥重要的作用,其路径可以归纳为以下三大方面:

一、推进社会事业创新,服务社会治理创新

在社会事业改革创新方面,保险为教育、就业、职业伤害、医疗、养老等领域改革提供重要的保障和支持,发挥保险分配调节功能,优化收入分配格局,有力支持更加公平、可持续的社会保障制度。

1. 开办校园保险,为教育事业改革提供保障

教育领域风险具有多样性、复杂性和社会性的特点,在一定程度上影响和制约了教育事业的改革发展。保险通过为学校提供风

---

① 王和:"我国影视保险研究",《中国保险》2009 年第 2 期。

险保障和支持助学贷款保障教育公平这两大途径,为教育改革发展提供强有力的综合保障服务。

一是开办校园安全保险、人身意外险为学生及学校提供风险保障。调查显示,2013 年我国共有在校学生 2.35 亿人,其中中小学生为 1.63 亿人[1],学生的安全问题日益突出,并已经成为社会普遍关注的问题。通过投保校园安全保险、学生人身意外险、实习责任保险,不仅使受害学生和家庭及时获得经济补偿,而且学校等责任方因过失造成的意外也由保险公司承担责任,有效化解家长与学校等事故责任方之间的矛盾纠纷,有助于教学活动正常开展和社会秩序的稳定。

二是开展助学贷款保证保险,支持助学贷款保障教育公平。国家助学贷款是我国高校学生资助体系的主要主体。从 2007 年至 2008 年 6 月底,全国获贷学生比例仅为 11.2%[2],覆盖面过窄,不利于保障教育公平。保险通过助学贷款保险,将传统的国家助学贷款转化为信用保险助学贷款,降低银行面临的贷款违约风险,提高贷款供给,在不增加政府负担的情况下帮助解决教育公平问题。

2. 开办保证金保险,降低行业门槛,健全就业创业体制机制

我国是人口大国,长期存在着劳动力就业需求和劳动力总量过大、素质偏低不相适应的矛盾。随着我国经济转型升级,再加上政府精简职能、事业单位改革、大学毕业生逐年增多等因素影响,使得我国失业问题更为严峻。我国失业保险制度缺少对大学生等

---

[1] 中国青少年研究中心:"'2013 年中国青少年人口详数'调查研究",http://www.zxxjyw.cn/gedifagui/2013-03-19/2742.html。

[2] 李润文:"生源地信用助学贷款模式将全国推广",《中国青年报》,2008 年 7 月 24 日。

群体失业救济的相关规定，覆盖范围过小，对预防失业与促进就业方面作用不明显。我国在完善政府主导的失业保险制度的同时，应鼓励保险业开办各类保证金保险，降低行业准入门槛，以创业方式协助解决就业失业问题。目前保险业所推出的无船承运人保证金保险、网络保证金保险等产品，以保证金保险取代保证金制度，降低行业准入门槛和创业门槛，帮经营者减少资金负担，有效促进创业、就业。

3. 发挥商业保险补充作用，完善职业伤害保障制度

健全的社会保障体系像金字塔形结构，底层是广覆盖、低保障的社会保险，中间是企业为员工购买的商业保险，顶层是个人为自己购买的商业保险。商业保险不仅能帮助企业以较低的成本为员工提供更高风险保障，而且可减轻居民对社保体系的过分依赖，有助于构建更加健全完善的职业伤害保障制度，因此应大力发展相关商业保险产品，发挥其比较优势，形成多层次的职业风险保障制度。例如与工伤保险相比，团体意外伤害保险保障范围可以扩大到工作时间以外以及非工作原因，雇主责任险在价格方面容易调节，适合企业在投保社保基础上再为员工购买，提高保障范围和保障程度，成为工伤保险的有益补充。

4. 发展养老保险，有效化解老龄化社会难题

当前我国正快速进入老龄社会，它在政治、经济、文化和社会等诸多层面给社会带来较大影响。目前我国在应对人口老龄化问题上还存在制度准备不足、老龄保障和服务发展滞后等薄弱环节，保险可以通过以下四个路径发挥重要作用，有效化解老龄社会难题。

一是发挥商业保险自身优势，助推养老保险体系完善。在基本养老保险方面，商业保险公司可以凭借专业优势在政府主导下有效参与新农保(新型农村社会养老保险)等业务的具体承办与经营管理,有利于降低政府管理成本、提高运营效率、提升服务水平。在年金管理方面,商业保险公司拥有专业投资优势和管理经验,可以实现资金的保值增值,提高职工退休后的养老金待遇水平。在商业养老保险领域,商业保险公司不仅能实现储蓄资产的保值和增值,而且可为自由职业者、部分企业从业人员、农民工等未纳入基本社保制度的群体提供风险保障。此外,老年人住房反向抵押养老保险等产品还有利于拓宽养老保障资金渠道,改善养老资产结构,提升老龄人口抵抗风险的能力。

二是提供长期护理保险,解决老年人护理的后顾之忧。长期护理是老年人口的主要问题。通过开办长期护理保险,为因年老、疾病或伤残而需要长期照顾的被保险人提供护理服务费用补偿,有效降低养老经济负担。在美国,长期护理保险是最受欢迎的健康保险产品之一,被当成雇主吸引和留住重要员工的手段。在日本则将长期护理保障引入社会保障体系,要求40岁以上的人都要参加。德国更把长期护理保险作为社会保障体系的第五支柱。当前我国在长期护理方面存在较大的供给缺口,通过大力发展老年护理保险,有助于解决社会养老护理问题。

三是开展保险养老社区建设,促进社会养老服务体系发展。一方面,开发符合社区老年人的各种保险产品,如养老保险、康复护理保险等,更好地满足养老需求,服务解决老龄化问题。另一方面,利用长期稳定的保险资金投资兴建养老社区、整合医疗和养老资源。保险机构以风险管理和资金投资为链条,对上下游的医疗保险、护理保险、养老保险、老年医学、护理服务、老年科技产品等环节进行整合,串联起产业链的断环和孤环,补齐产业链短板,链接供需双方,降低供需不确定性和市场风险,促进养老护理产业的孵化、发展和成熟。

四是发展养老机构责任保险,有效提升养老服务产业服务水平。目前我国养老服务产业还处在起步阶段,虽然机构床位数量增长较快,但管理水平和服务质量参差不齐,风险隐患较大。通过办理养老机构责任保险,提高养老机构抵御意外风险及善后处置能力,减少涉诉涉访事件,促进养老产业健康发展。2014年2月发布的《关于推进养老机构责任保险工作的指导意见》提出,鼓励养老机构投保责任保险。预计该险种的发展将有力推动养老产业健康发展。

5. 推动中国特色医保制度体系的建设和完善

一是通过提供承办服务,协助政府建设城乡一体的社会医疗保障体系。当前,我国城乡一体的社会医疗保障体系还有待完善,特别是大病医疗保障问题较为突出。近年来,通过"湛江模式"、"太仓模式"、"平谷模式"等探索实践,保险参与新农合、城镇居民基本医疗保险、医疗救助和各类补充医疗保险等保障项目的经办管理,推动大病保险等机制的建立完善,找到了助推城乡一体的社会医疗保障体系建设的有效路径。随着城乡居民医疗保障一体化深入推进和政府利用市场机制购买商业保险经办、管理社会医疗保障意识的增强,由商业保险机构统一提供基本医疗保险经办服务和大病保险经办服务,实现"基本+大病"的一体化管理①,使两者在保障程度和服务管理上相互衔接,将有助于减少基本医疗保险和大病保险的运行成本,降低不合理医疗费用,为参

---

① 吴海波、何冲:"商业保险参与社会医疗保障的现实模式与发展方向",《西部论坛》2014年第9期。

保群众提供各类医疗、疾病保险、失能收入损失保险、长期护理险等商业健康保险,满足日益增长的健康保险需求,推动社会医疗保障体系的建设完善。

二是参与医疗健康产业管理,在提升服务的同时降低医保成本。保险公司参与医疗健康产业管理,可以从两个方面推动医疗健康产业发展,为社会提供更好的产品服务。一方面,两者结合将紧密协同保险业务和医疗健康业务,构建完整的健康保险产业链,提高医疗保障水平。另一方面,保险资金投资医疗健康产业,将有效控制风险和成本。在美国,医疗服务机构将高额成本和风险向商业保险组织及美国公民自付部分转嫁,引发商业保险机构寻求与医疗服务机构加强合作,诞生管理式医疗组织(MCO)。保险公司通过建立合作联盟,实施纵向一体化,掌握了更多的核心信息,提升了风险管控能力。MCO形成后,各类风险开始在医疗服务机构、保险消费者与保险公司之间分散,美国商业医疗保险风险得到了控制。目前,MCO仍是美国医疗保险机构合作的主要模式[1]。2014年6月,保监会发布《关于贯彻落实〈"十二五"期间深化医药卫生体制改革规划暨实施方案〉的通知》,提出大力发展商业健康保险并鼓励探索保险公司兴办医疗机构,当前已有多家保险公司开始尝试进入医疗领域。我们认为,保险与医疗深度合作,将有助于我国医疗健康产业以及医疗保险的健康发展,保障医疗体制改革顺利进行。

三是引入医疗责任保险等制度,有效化解医疗纠纷。医疗责任保险是管理医疗风险、缓解医患矛盾的重要途径和有力工具,有

---

[1] 徐放、刘维林:"商业医保合作模式创新与风险管控机制优化浅探",《金融研究》2011年第10期。

助于构建医患矛盾调处的长效机制。2012年8月,卫生部等发布《关于做好2012年公立医院改革工作的通知》,提出"建立健全医疗纠纷第三方调解机制和医疗责任保险制度"。医疗责任保险的发展,将增强医疗卫生机构化解风险的能力,维护医患双方合法权益,有力保障医疗卫生体制改革和医疗事业健康发展。

6. 发挥保险收入再分配功能,优化收入分配格局

收入分配制度是经济社会发展中带有根本性、基础性的制度安排,当前我国贫富差距过大影响了社会和谐稳定。十八届三中全会《决定》提出要"形成合理有序的收入分配格局","完善以税收、社会保障、转移支付为主要手段的再分配调节机制"。保险机制具有收入再分配功能,将在我国收入分配格局建设中发挥重要作用。保险的开办,特别是强制保险的开办,促使投保人通过出资购买保险,将一部分财富转移到保险公司,保险公司在收取众多投保人保费后,建立保险基金,对受害人损失予以补偿。保险使得社会财富和社会资源分配向弱势群体倾斜,使弱势群体在经济社会生活中有所依靠。因此应在更多领域尝试引入保险机制,特别是在事关国计民生的重大领域试行强制保险制度,引导社会资源向这些领域倾斜。

二、服务社会治理创新,推动社会治理现代化

在创新社会治理体制方面,保险支持社会组织的运行与自我管理,激发社会组织活力;通过市场化手段来防范化解社会矛盾,助力改进社会治理方式;参与灾害防范、隐患排查、安全预防和社会治安防控等工作,协助政府健全公共安全体系。

1. 支持社会组织的运行与自我管理,激发社会组织活力

有效社会治理需要社会组织的有序运行,十八届三中全会《决定》提出要提升社会组织服务功能,激发社会组织活力。如何确保各种社会组织健康发展并正确发挥职能作用,将是我国社会治理发展面临的重要问题,保险通过以下三大途径,在这一领域起到保障和推动作用。一是通过提供人身险、财产险、责任险等服务,为社会组织提供一个良好的保障环境,化解社会组织运行过程中的各类风险,保障其正常运行。二是通过提供行业责任险、信用保证保险等产品,为行业协会及其他社会组织提供有效的市场化手段,以经济机制预防和化解经济社会矛盾,以保险经济补偿提供经济保障,提升社会组织的自治能力。三是通过与社会组织合作,为其提供风险管理服务,帮助扩宽服务范围,提升公共服务能力,满足社会发展和政府采购需要,从而保障事业单位平稳改制。

2. 协助政府创新有效预防和化解社会矛盾体制

保险机制通过市场化手段防范化解社会矛盾,使各方按照统一公平透明规则达成共识,把社会矛盾预防化解纳入法治轨道,有利于化解社会矛盾、加强社会管理和促进社会稳定。

一是推广民生保险、责任保险等产品,用市场化手段预防化解社会矛盾。近年来,频繁发生的重特大交通事故、安全事故、环境污染事件、食品中毒事件,不仅激化社会矛盾,也增加了政府负担。保险机制从风险和矛盾的源头入手,通过保险机制对不确定性的管理和实现损失赔偿社会化,协助政府协调社会利益关系、规范社会行为,有助于实现从源头上预防和减少矛盾纠纷,降低经济社会运行风险、促进社会和谐稳定。例如2013年北京市对近7万名符合条件的老年人投保一份意外保险,不仅提高老年人抵御意外风险能力,也能解决现实中面对老人摔倒"扶不扶"的道德难题,有助于解决社会矛盾和提升社会风气。通过强化政府引导、市场运作、立法保障的责任保险发展模式,把与公众利益关系密切的环境污染、食品安全等作为责任保险发展重点,探索开展强制保险试点,加快开展旅行社、产品质量以及各类职业责任保险、产品责任保险和公共责任保险,可以充分发挥责任保险在事前风险预防、事中风险控制和事后理赔服务等方面的作用,有效化解民事责任纠纷。

二是推动保险机制参与矛盾纠纷调解,减少社会纠纷处理成本。保险机制以市场化手段参与矛盾纠纷调解,在化解医疗、职业伤害、环境污染、食品安全、交通事故等矛盾纠纷方面发挥了重要作用。例如,交强险互碰自赔快速处理机制能有效解决小微事故纠纷和城市道路拥堵问题,大大缓解了城市交通压力,更好地促进"和谐交通"。再如,保险公司协助法院、交警部门建立车险事故事前调解机制,从而构建起低成本、高效率的非诉讼纠纷解决方式。

3. 健全公共安全体系,服务平安中国建设

一是协助政府开展灾害防范、隐患排查和安全预防控制,为社会和谐稳定提供保障。我国自然灾害和安全事故频发,给人民生命财产造成严重威胁。国内外实践证明,在灾害防范、隐患排查和安全预防控制等方面,保险可以起到很大作用,主要有如下五大路径。第一,通过其所拥有的海量风险数据,发挥风险管理专业优势,及早发现和处理风险隐患,为经济社会运行提供灾害预防、损失控制及应急救援等服务与支持,实现风险减量管理;第二,充分发挥保险费率杠杆和承保条件的激励约束作用,通过影响企业经营成本来促使其强化事前风险防范,减少灾害事故的发生;第三,发挥风险管理专业优势,参与制定行业风险管理规范和监管标准,对行业风险进行管理监督。在丹麦,由制造商、风电业主、保险业

及政府部门组成了风电设备的批准委员会,形成了《丹麦风电机组型号批准和认证的技术标准》的认证批准体系①;在美国,保险公司是特种设备检验机构之一,有权颁发、中止和收回特种设备使用许可证②;第四,以再保险方式将灾害损失的风险在全国乃至世界范围内分散,并通过保险风险证券化方式,将灾害损失在资本市场进行分摊,从而在更大的范围和更多的层次进行分散风险;第五,基于风险数据及其他数据储备,为政府的救灾管理提供重要数据基础,有利于变革传统的灾害评估和灾后重建资金分配模式③。

二是协助政府化解食品药品安全等突出矛盾,助推食品药品管理机制的完善。当前我国食品药品安全已成为人民群众最关心最直接最现实的利益问题,其牵扯面广而风险后果较为严重,处理不当可能造成人民群众对政府的不满,同时食品药品的责任风险存在突出的"长尾"特征,产品缺陷等对人体的损害具有很强的隐蔽性,往往要经过很长一段时间才能显露出来,导致政府赔偿机制无法解决。应大力推广食品安全责任险、药品安全责任险等产品,以市场化机制实现损失赔偿社会化,超越生产企业在赔偿时间、空间、金额等方面的限制,以更长的时间跨度、更广的地域幅度、更大的保障程度对所产生的食品药品安全问题进行经济补偿,化解食品药品等领域责任赔偿矛盾与纠纷,有效减轻政府的社会管理压力。例如,在2009年问题奶粉事件中,保险公司受托管理医疗赔偿基金,对食用含三聚氰胺奶粉、经有关医疗机构确诊的患儿,在

---

① 世界自然基金会:英国皇家太阳联合保险集团:《中国风电保险发展现状及面临的挑战》,2011年,第39页。
② 梁广炽:"美国锅炉与压力容器安全管理综述",《城市燃气》2006年第7期。
③ 王和:"启动我国巨灾保险制度",《中国金融》2014年第5期。

急性治疗期终结后到 18 周岁之前所患的五类疾病,给予免费治疗,支持解决这一事件善后问题。

政府还可以探索在食品药品保险方面建立具有法律约束力的强制性保险制度,并以财政支持、税收优惠等方式对参保企业和承保公司予以一定的政策支持,激发保险双方的积极性,鼓励引导保险企业创新产品服务,切实解决企业、群众和政府所面临的风险压力。

三是协助政府加强社会治安综合治理,创新立体化社会治安防控体系。我国社会治安总体稳定,但仍处于刑事犯罪高发期。保险业应积极参与社会治安管理机制和社区治理,把居民财产保险与治安管理结合起来,有效协助解决社会治安管理问题,切实提高治安防范水平。通过推广契约式治安保险联防,实现保险与治安的有效结合。即在政府的统一领导下,由综治部门组织协调,以社区(或行政村)和保险公司为主体,以契约化管理为手段,建立起一个事前预防与事后补偿一体化、经费保障与机构运作市场化的社会治安防范模式,实现治安防范工作由政府包揽向行政手段与市场机制相结合的转变。

三、参与构筑精准扶贫体系,助推脱贫攻坚战胜利

我国一直是世界减贫事业的积极倡导者和有力推动者,扶贫开发事关全面建成小康社会,事关人民福祉,事关国家长治久安,事关我国国际形象。目前扶贫开发工作已经进入啃硬骨头、攻坚拔寨的冲刺期,而扶贫开发贵在精准,重在精准,成败之举在于精准,构筑精准扶贫体系关系着脱贫攻坚战的成败。保险基于公平合理原则下的经济损失补偿分摊的自然属性,以及再分配与生产

要素供给的社会属性,与扶贫有着本质上的相通性,而且在扶贫精准性方面具有比较优势,将在精准扶贫中成为政府的接手和助手,推动构建政府、市场、社会协同推进的大扶贫开发格局。

保险以风险事故为触发点来进行经济补偿,实现在受灾人群和非受灾人群之间的资源再分配,注重补偿损失而非单纯救济,目标直接指向遭受风险的家庭和个人,天然提高识别扶贫对象的精准性。保险凭借众多的保险产品和在风险管理方面的经验,针对不同扶贫对象开发差异化险种,根据具体贫困表现提供相应的保障,实现"因地而保"、"因人而保",提升扶贫项目安排的精准性。保险通过费率杠杆放大财政效应,通过定向补偿使资金使用具有"靶向性",通过严格的商业运作提升资金使用透明度,实现扶贫资金使用精准和放大效应。保险公司基于庞大的农村网点机构和队伍、农险一线长期经营实践,深刻了解实际贫困情况,为政府和其他扶贫主体提供支持,助推措施到户精准和因村派人精准。保险通过契约机制,强调恢复原状而非单纯救济,力度不过不滥,能够有效减少养懒汉、依赖性的问题,并且能够针对扶贫开发体系难以覆盖的盲区实施有效补充,提高保障层次,做到扶贫力度精准和补位扶贫精准,提高脱贫成效的精准性。

在上述精准扶贫比较优势的基础上,保险主要通过两大途径支持构筑精准扶贫体系。一方面,通过产业保障、资金投资等建立产业脱贫保险机制,为农业全产业链各环节提供风险保障服务,满足产业扶贫需求,促进资源向贫困人群倾斜,加速促使贫困地区和贫困人群融入经济社会发展大局,享受国家发展红利。例如在河北阜平,保险业根据当地"两种、两养"特色农业风险保障需求,开发了全国首创的大枣、核桃、肉牛、肉羊成本价格损失保险产品,并且与政府建立"联办共保"模式,推动农民积极参与农业生产经营,迅速提高收入水平,并为农户提供增信效应,支持农户获得惠农担保贷款用于扩大再生产,形成良性循环。

另一方面,为贫困人群提供全面保障,搭建防止返贫网,有效解决因病返贫、因灾返贫等问题,长期兜住风险底线,巩固扶贫成果,以及链接社保、慈善、医疗、教育等主体,完善社会保障体系,提升贫困地区公共服务水平,为贫困人群和贫困地区奠定长期发展能力基础。例如人保财险在宁夏推出的"脱贫保"方案,精准对接建档立卡群众,提供家庭意外伤害保险、大病补充医疗保险、借款人意外伤害保险、特色产业保险等保障,特别是为贫困群众"量身定做"了城乡居民大病补充医疗保险保障方案,并实现同一理赔网点提供大病保险与大病补充医疗保险的双重理赔给付,减少贫困人群疾病开支,有效解决因病返贫问题。

第五节 保险服务建设美丽中国,推动建立生态文明制度

我国"压缩版"的现代化进程,使得发达国家在上百年工业化过程中分阶段出现的环境问题在我国集中出现,环境问题成为制约经济可持续发展的"瓶颈",给经济社会健康发展带来巨大隐患。十八届三中全会提出,"紧紧围绕建设美丽中国深化生态文明体制改革",为我国生态文明建设指明了发展方向。

在构建资源节约利用、生态环境保护的体制机制过程中,保险机制可以通过如下三个路径发挥支持作用:一是通过显性、量化自然资源与生态使用补偿成本,以市场化方式支持环境监管和社会

监督,激励参保主体主动提高资源使用效率和环境保护能力,推动生态环境保护预防机制的建立和实施;二是通过保险方式推进损害赔偿社会化,化解环境污染责任纠纷,减轻政府环境压力,支持环境损害赔偿制度和责任追究制度的建立和完善;三是通过风险保障和融资支持机制推动绿色产业发展,从源头减少环境污染风险,支持美丽中国建设。

一、推动生态环境保护预防机制的建立和实施

以环境污染责任险等险种为抓手,建立保险费率和企业安全生产与环保管理水平挂钩的联动机制,在政府和环境责任主体之间增加市场化的"第三只眼"[①],支持环境监管和社会监督,激励经济主体提高污染防治能力。一是通过调整费率水平和承保条件,强化责任主体的内在压力,激励企业积极进行风险隐患排查、全面提高污染防治能力。二是签订保险合同后,保险公司部分地履行环境管理部门职责,通过合同强制约定对企业的环境管理、环境监察的权利,通过环境风险测评、提出整改意见等,实现环境风险的事前管理。

同时,需要国家出台针对环境污染责任保险的专门法规,将保险作为生态环境保护预防机制的基本组成部分,明确投保原则、主体、范围、举证责任、请求时效,制定统一的损害评估、损害赔偿和损害修复标准,赋予保险机构监察环境风险、督导企业整改、协助制定环保标准的权利,健全损害责任追究机制,严格落实企业环境

[①] 吴焰:"加快发展环境污染责任保险促进生态文明建设",2013年3月5日,http://insurance.jrj.com.cn/2013/03/05111115111228-3.shtml。

安全主体责任。推动建立环境污染责任保险与绿色信贷的联动机制,通过市场化手段抑制高污染行业扩张和低水平重复建设。

二、支持环境损害赔偿制度和责任追究制度的建立完善

由于环境侵权行为的间接性、潜伏性、滞后性比较强,与损害后果之间是否存在因果关系较难确定,一旦形成损害,赔偿范围广、赔偿金额大,加害人可能无力承担,导致受害人无法及时获得补偿。保险机制通过充分发挥风险分摊和灾害补偿职能,打破"企业污染,群众受害,政府埋单"的不合理困局,支持生态补偿制度、损害赔偿制度、责任追究制度等落地实施。从发达国家的经验看,环境污染责任保险已经成为解决环境损害赔偿问题的有效经济手段和主要方式之一。美国针对有毒物质和废弃物的处理所可能引发的损害赔偿责任实行强制保险制度;德国《环境责任法》规定,存在重大环境责任风险的"特定设施"的所有人必须采取一定的预先保障义务履行的措施,主要是与保险公司签订损害赔偿责任保险合同[①]。

我国可以通过借鉴西方国家经验,先从环境高风险企业入手,逐步在全国范围内建立强制环境污染责任保险制度,并加强对环境污染责任保险的财税支持,变事后追责为事前保障,充分发挥保险业的优势,协助政府建立市场化的生态环境损害赔偿和责任追究制度。

三、通过风险保障和融资支持机制推动绿色产业发展

绿色保险通常是指与环境风险管理有关的各种保险计划,被

---

① 吴焰:"加快发展环境污染责任保险促进生态文明建设",2013年3月5日,http://insurance.jrj.com.cn/2013/03/05111115111228-3.shtml。

用作一种可持续发展的工具,并用于处理与环境相关的问题[①]。通过发展绿色保险,并与相关金融产品相链接,充分发挥保险的经济补偿、资金融通和社会管理等功能,支持国家产业政策,助推绿色低碳产业发展和经济发展方式转变。

一是针对绿色产业的风险需求开发特定产品组合,保障企业平稳经营。在欧美国家,风电技术和产品都比较成熟,保险业与风电行业的紧密结合使保险产品覆盖行业诸多环节,保障风电企业的平稳经营[②]。当前我国绿色能源产业在技术研发、规模生产、销售服务等方面尚处于发展的初级阶段,面临诸多不确定性,绿色产业一揽子保险的引入可以有效化解产业风险,同时放大国家产业政策,保障绿色产业的健康发展。二是将绿色保险和金融产品相链接,解决绿色产业的融资难题。保险不仅可以投资于绿色产业,而且可通过保险产品与金融产品相结合,以保险产品服务为其提供融资工具和通道。在欧洲和美国,项目业主在购买覆盖科技研发、投产生产、产品质量、产品交付等领域的一揽子保险后,往往就较容易获得项目融资。如,达信保险经纪公司针对太阳能电厂和运营商研发新型保险,当太阳能从日照获得的发电量与预期额度的差距在达到一定程度时就可以获得补偿,对这些项目提供融资的机构能够确保项目获得回报,使项目融资更加容易[③]。

[①] 布奇·巴卡尼:"关于保险业及其监管与可持续发展的系统性观点:国际发展趋势及对中国的政策建议",《中国绿色金融:经验、路径与国际借鉴》,中国发展出版社 2015 年版,第 275 页。

[②] 世界自然基金会、英国皇家太阳联合保险集团:《中国风电保险发展现状及面临的挑战》,2011 年,第 11 页。

[③] Wilkins, Paul:"保险业通过创新来支持绿色产业",新浪财经,2010 年 5 月 28 日,http://finance.sina.com.cn/hy/20100528/12308019410.shtml。

第七章 建设保险型社会服务国家治理现代化的内外部驱动

综上所述,建设保险型社会是我国全面深化改革、推进国家治理现代化的历史选择与现实路径。前文的理论与实证研究充分说明建设保险型社会需要国家进行顶层设计和系统推进,使保险在助推全面深化改革的过程中广泛渗透到经济社会各个领域。而要形成建设保险型社会服务国家治理现代化的宏观布局,需要外部和内部共同驱动形成合力,在外部驱动方面需要建立完善从顶层设计到实施细则的政策支持体系,而在内部驱动方面需要监管部门和保险行业升级保险供给,提升服务经济社会发展大局能力。

第一节 外部驱动:在国家层面建立从顶层设计到实施细则的政策支持体系

一、把保险助推全面深化改革、服务国家治理现代化纳入改革顶层设计

当前国家已经充分认识到保险在治理体系的重要地位,2014年的保险业"新国十条"描绘了加快发展现代保险服务业服务国家

治理现代化的蓝图,相关政策也陆续发布,但政府利用商业保险参与经济与社会管理仍然具有临时"一事一议"和局部性的特点,各项政策较为碎片化,缺乏系统性的整体顶层设计。因此建议将保险机制作为制度性安排纳入改革的总体规划和顶层设计,按照中央全面深化改革领导小组下设的经济体制和生态文明体制改革、民主法制领域改革、文化体制改革、社会体制改革、党的建设制度改革、纪律检查体制改革六个专项小组所划分的职能领域,全面规划商业保险参与深化改革的方式、方法和职能界定,制定整体的实施方案和路线图,并推动与中央部委和地方政府出台的各项改革配套制度的衔接,形成一套完整的现代保险服务业发展支持政策体系,通过市场运作、政策引导、政府推动、立法强制,充分发挥保险在服务国家治理现代化方面的独特功能和积极作用。

二、对责任保险等"治理保险"探索以立法建立强制保险制度,为保险参与国家治理提供法律支持

当前政府与市场的关系仍然存在很多扭曲,在社会管理领域存在政府责任过大、压力过高等问题,而责任保险是现代市场经济条件下运用市场机制理顺社会关系、维护公共利益的重要手段,通过责任保险的商业行为把社会矛盾纠纷转化为单纯的经济关系,有利于形成市场化、制度化的社会矛盾化解机制。我国责任险保险深度低于全球平均水平,反映出其在公共突发事故应急处置和社会关系管理中的重要作用没有得到充分发挥,难以满足人民群众日益增长的责任风险保障需要。国际经验表明,责任险的发展必须依靠建立法定责任保险制度来加以推动。为构建公

众权益保障和矛盾调处的政府职能与市场化机制相结合的新模式,因此建议对于责任保险等社会治理功能突出的"治理保险",可以参考交强险制度,通过立法来建立强制保险制度。当然,建立强制保险制度需要法律和行政法规来确定,也需要经过审慎的评估和规划。

一是正确评估强制保险的社会价值,借鉴发达国家实践经验,设计出符合中国实际的强制责任保险制度。特别是把与公众利益密切相关的环境污染、食品安全、医疗责任、医疗意外、实习安全、校内安全等作为责任保险发展重点,探索开展强制保险责任制度。可以先从局部地区试点强制保险制度开始,待形成稳定的运行机制、取得较好的社会效应之后,再通过立法层面在全国范围推广。

二是在关系人民群众切身利益、社会需求最迫切的领域,继续推动强制责任保险立法工作,并出台相关配套政策。建议制定并不断完善高污染、高环境风险产业(产品)目录,将目录内企业投保环境污染责任保险情况与其获取信贷的资质挂钩;建立全行业的医疗责任强制保险制度,构筑完善的医疗风险保障机制;完善食品质量安全监控体系,在食品特别是儿童食品、保健食品等领域实施强制责任保险;在地铁、酒店、商店、学校等公共场所实施统一的火灾公众责任强制保险,在高危行业实施安全生产责任强制保险,对校车、电梯等特种设备的提供商、运营商等实施强制性特种设备责任保险等。

三是鼓励有条件的地区和部门先行先试,尝试区域或行业统保,加快推进部分强制责任保险险种的实施和试点,为国家相关法律的制定、修改和完善积累经验。

三、对部分保险保障安排给予财税政策优惠，为保险参与国家治理提供经济支持

为了更好地发挥保险在全面深化改革中的作用，在总体规划和顶层设计的基础上，加大财政、税收等相关政策的支持，充分发挥公共财政的引导作用和税收的杠杆作用，通过制度创新，有效发挥保险参与国家治理的制度力量。

一是出台相关制度拓宽财政支持型保险业务的覆盖面和种类。同时，加大支持力度，发挥保险对财政政策的放大效应，实现以较低的财政资金投入，为全社会提供覆盖面更广、程度更深的风险保障。首先，以保费补贴的方式对农业保险进行投入，强化财政投入对农业生产的正反馈机制，以少量的财政投入撬动巨大的社会资源，实现财政投入的放大效应，提高财政投入的惠及范围，充分发挥农业保险的"绿箱"政策效应。其次，针对征地拆迁、环境保护、安全生产、医疗纠纷等社会矛盾突出问题，出台政策制度，规定按一定比例提取配套资金特别是政策性资金作为专项保险资金，用来妥善解决相关矛盾问题。例如对被征地农民，可从政府土地转让收入、开发商土地开发收入和农民征迁补偿收入中各拿出一部分，按适当的比例共同构建个人账户基金，为被征地农民购买养老保险；在环境保护上，可从政府财政收入、企业缴纳的环境费税中拿出一部分，购买环境责任保险；在安全生产上，可从企业交纳的煤矿安全生产责任保证金中拿出一部分，购买安全生产责任保险等；在医疗责任方面，在政府每年对医疗机构财政拨款预算中，单列医疗机构投保责任保险的专项经费预算，形成政府、医院和医

生共同分担的筹资模式,加大各级财政对困难地区和一、二级医院、社区医院、乡镇医院、乡村医生的支持力度,减轻基层医疗机构参保负担。再次,把小额保险①与扶贫开发机制相结合,服务广大贫困群体,是国际通行的有效扶贫手段。可以通过政府为居民购买小额保险的形式将部分财政扶贫资金转化为对贫困地区和贫困人口的保险保费,根据扶贫资金应用类别,建立扶贫资金和扶贫项目的配套保险保障机制,鼓励购买相应的农业保险、财产保险、工程保险和意外伤害险等保险保障,提高贫困地区和贫困人口的风险保障水平,实现财政资金扶贫效果成倍提升。

二是给予保险参保主体和主办保险公司适当的税收优惠政策,支持发展养老、医疗等保险事业,支持更加公平高效社会保障体系的建立完善。与财政补贴相比,税收调控的方式更灵活、干预更间接、效应更有弹性,国际经验也表明,税收政策是市场经济条件下养老、医疗等保险顶层制度的重要组成部分。因此国家可以进一步加大对养老和医疗护理服务机构和相关从业人员的税收优惠力度,引导保险公司加强产品和服务创新,扩大养老社区服务的覆盖面。例如,推动出台保险资金投资养老和医疗护理机构的税收减免优惠政策,鼓励保险机构积极参与养老产业、医疗护理机构的投资和运营。根据养老服务机构的类别和等级等,减免或缓征其营业税、企业所得税、房产税、城镇土地使用税等税收;对开办长期护理保险业务、提供健康管理服务的保险公司和相关从业人员给予营业税和所得税减免;对机构和个人购买补充性的商业养老

---

① 国际保险监管协会(IAIS)将小额保险定义为"缴纳与风险成本和发生的可能性相一致的保费,保护低收入人群抵御特定风险",印度、中国、巴西、南非等发展中国家是小额保险的最大市场。

和健康保险等给予税收减免、递延纳税等政策优惠。

四、出台政府购买保险服务的政策法规和实施细则,为保险参与国家治理提供政策支持

根据新公共管理理论,以市场机制代替行政手段进行公共资源配置并做出相应的制度安排,可打破公共服务供给的垄断格局,显著提高公共管理效率和公共服务品质。而保险具有很强的准公共品特性,其独特的以个体性的风险分散和群体性的风险共担模式,可显著提升财政资源配置效能和公共服务运行效率。

在引入保险机制创新公共服务供给模式上,政府通过委托或购买商业服务的方式提供公共服务的做法,在发达国家早已普遍运用,将政府的作用与市场和社会的力量结合起来,可以提高财政投入的成本与产出效能,确保提供的公共服务"惠而不贵"。我国可以按照"市场能办到放给市场,社会能办的交给社会"的原则,以科学开放的思维和理念,划分政府的职能边界。凡适合市场、社会组织承担的公共服务,都应该从政府的公共服务职能中逐步剥离出来,通过委托、承包、采购等方式交给市场和社会组织承接。对于适合通过商业保险机制来实现公共服务供给的领域,例如医疗保障、养老保障、民生保障、科技创新风险保障、信贷风险保障等,都可以鼓励和支持商业保险经办公共服务,借助商业保险机构在产品精算、理赔服务和机构网络等方面的优势,弥补政府在编制、资金、管理和专业技术服务等方面的不足,精简政府机构和人员,让政府部门从大量的具体事务中解脱出来,显著降低政府运行成本,提升公共服务效率和水平。目前在我国已经出现了很多类似

的尝试,例如医保"湛江模式"、武汉一元民生保险等,可以在成功实践经验基础上,出台关于政府购买保险服务的政策法规和实施细则,制定标准化的服务协议模板,实行新的阳光运行机制,鼓励、引导和规范各级政府向商业保险机构采购保险服务,实现公共服务决策、运行、监督的分离,从源头上克服"设租寻租、暗箱操作"等现象,增强公共财政的透明度,提高政府治理能力和人民群众的满意度。

五、在系统性风险较大的关键领域推动政府与市场的有机合作,为保险参与国家治理提供制度支持

在涉及面广、系统性风险较大的关键领域,需要以制度建设为基础,以商业保险为平台,形成"政府推动、多方参与、风险共担"的模式,建立政府行政功能同市场化制度互补、政府与市场各担其责共同管理的保障体系,并以政府财政作为最后一道防线。

一是进一步理清政府和市场在社会保障体系中的定位。政府主要负责提供基本保障,如基本养老保险、基本医疗保险等,市场负责提供非基本的、补充性的养老保险(如企业年金、职业年金、商业养老保险)和医疗保险(如商业健康保险)等,政府与市场共同构建多层次的社会保障体系。政府负责提供基本保障,避免"缺位";但不负责提供非基本保障,避免"越位"。

在养老保险制度方面,当前我国第一支柱社保基金约占养老金储备的80%以上,企业年金仅占百分之十几,个人商业养老保险的比例微乎其微。而在美国,政府养老金计划占退休人员收入不超过40%,其余部分由雇主养老金计划和个人养老金储蓄计划支

持。政府应适度降低社会养老保险给付的替代率，加大企业年金、职业年金的发展空间，形成多支柱、多层次、均匀受力的养老保障体系。

在医疗保险制度方面，随着商业保险的引入，涌现出如湛江模式、太仓模式、平谷模式等典型经验和优秀做法。但由于制度设计还未成熟定型，部分地区出现政府过度干预等问题，如背离了"风险共担"的政策导向，影响到制度的可持续性；筹资标准过低，影响到财务的可持续性；统筹层次偏低，影响到基金的调剂与大病风险的可持续管控等。我国需要进一步完善城乡居民大病保险制度，科学确定大病保险的统筹层次，合理提高大病保险的筹资标准，对大病保险的超额结余及政策性亏损建立"双向"调节机制，坚持风险共担的政策导向，促进城乡大病保险可持续开展。

二是当前我国农业保险制度还存在一些问题，如农业保险大灾风险分散制度、农业保险费率精算和调节机制有待建立完善，财政和税收政策支持力度有待加强等。政府应继续完善农业保险的顶层制度设计，进一步扩大农业保险补贴的覆盖面和保障额度，加大中央和省级财政补贴比例，鼓励和支持农业保险创新，加快建立单独预算的农业巨灾保险基金以及财政支持的巨灾保险保障体系，促进农业保险的健康和可持续发展。

三是我国是世界上自然灾害最严重的国家之一，但近二十年来，我国自然灾害的保险赔付金额占灾害直接经济损失比例仅为3%左右甚至更低，远低于国际平均的30%—40%，说明我国保险的风险保障作用远未发挥。建议在总结云南、深圳等地开展地震和综合巨灾保险试点的基础上，逐步建立符合我国国情的巨灾保险制度，协调相关部门制定巨灾保险制度的实施方案。包括建立巨灾保险制度法律体系、建立巨灾风险基金、加快发展再保险市场、建立巨灾再保险制度、推动"保险+防灾"的商业模式等,形成以政府为主导、以商业保险体系为主体、社会力量广泛参与的多层次巨灾风险分散机制。

第二节 内部驱动:监管部门和保险行业合力升级保险供给,加快发展现代保险服务业

一、监管部门为现代保险服务业发展打造从宏观到微观的时间表与路线图

一是出台《保险业服务全面深化改革指导意见》,尽快发布保险助推全面深化改革总纲领,传播"保险让中国更美好"的理念,站在服务国家治理体系和治理能力现代化的高度,对保险助推全面深化改革进行顶层设计,制定保险业服务全面深化改革的任务书、时间表、路线图,出台《保险业服务全面深化改革指导意见》,指导保险业积极探索与国家经济、政治、文化、社会和生态各个领域改革主动对接的实施路径,建设一个在国家治理体系中发挥重要作用的现代保险服务业。

二是加强宣传教育,提升行业形象,推动自我保障意识成为社会主流价值观。在全社会开展保险宣传普及活动,促进个人经济保障体系的建立,培养自我管理、自我保障的公民理念,改变过度依赖政府的现状。引导各级政府树立并强化现代保险意识,不断

提高对保险的认知水平和运用能力,转变单纯运用行政手段解决经济社会矛盾问题的路径依赖,让"看得见的手"与"看不见的手"相得益彰,充分发挥保险的正外部性作用,激发更蓬勃的内生性增长动力,推动整个社会风险管理水平的提升。

三是坚持市场化改革取向,规范保险业市场秩序,严格惩处违法违规行为,确保市场作用的正常发挥,促进行业健康可持续发展。继续推进保险业市场化改革,推动资源配置依据市场规则、市场价格、市场竞争实现效益最大化和效率最优化,着力解决保险市场体系不完善、政府干预过多的问题,确保市场作用的正常发挥。严格执法、加大违法违规处罚力度,维护健康规范的市场秩序,进一步提高行业标准和服务规范,加强对补充性养老和医疗保险、农业保险、巨灾保险等市场的监管,切实保护保险消费者权益,推动行业健康可持续发展。

四是在一些制度还未完善的领域尽快出台管理细则,加强与其他部门的合作形成治理合力。学习借鉴全球保险发展经验和探索实践,结合我国国情和改革发展需要,在近期内要针对环境污染、安全生产、三农问题等改革热点、难点问题提出风险解决方案和政策建议,联合出台具有指导性、规范性的政策文件,共同研究制定具体的配套政策和管理细则,明确主体资格、规范运作流程、界定权利义务,加快行业体制、机制创新,有效助推改革。

二、保险行业应当强化制度和产品设计创新,加快落实保险助推全面深化改革、服务国家治理现代化路线图

一是强化制度和产品创新,在服务全面深化改革中构建行业

大的发展格局。当前我国财险市场的现实表现是,行业过于注重价格竞争,而产品和服务创新不足、同质化严重,难以完全满足消费者的实际和潜在需求,难以完全满足社会经济改革发展需要。保险公司应结合经济社会发展需要,借鉴国际保险市场先进经验,大力开展模式创新、制度创新、机制创新、技术创新和产品服务创新,并勇于承担社会责任,兼顾经济效应和社会效应,在服务国家治理现代化过程中构建大的发展格局,构建面向未来的竞争优势。

二是转变传统保险思维,从风险等量管理向风险减量管理转变,充分发挥风险管理和治理功能。传统保险的经营模式是一种静态和等量的再分配管理,当前全球保险经营模式已逐步从等量管理向减量管理转变,即通过保险制度对社会风险进行专业化管理,减少被保险人面临的风险,并与其分享所获收益,从而形成一种新的商业模式。因此,保险公司要转变传统思维,加快实现从单一、被动、应急的危机管理模式向全面、主动、长期的风险管理模式转变,从"减轻灾害损失"向"减轻灾害风险"转变,从"处理存量风险"向"促进风险减量"转变。

三是加强内外部资源整合,通过产业链整合推动养老、医疗等产业健康发展。结合国际保险业实践经验和我国改革发展需要,我国保险公司应凭借资源优势和风险管理专业优势,强化与养老、医疗等产业链上下游的机构合作,串联起产业链的断环和孤环,补齐产业链短板,链接供需双方,降低供需不确定性和市场风险,促进养老、医疗等产业的孵化、发展和成熟。

四是全面提升经营能力,开展以科技为驱动的商业模式创新,实现可持续发展。大数据、互联网金融的兴起及产业竞合,在对传统保险经营模式构成挑战的同时,更开创了新的发展空间。保险公司应强化与互联网企业、数据公司合作,促进保险产业链重塑,形成新的价值网络,实现基于内外部专业化分工的保险产业链重组,扩大行业价值创造边界和价值创造能力,构筑面向未来的行业竞争优势。同时,还应以互联网新技术和新模式为切入点,以客户行为、信用数据的获取与整合为重点,以专业化风险管理服务能力提升为落脚点,丰富保险产品服务的内涵,为客户提供更为精准、便捷的金融产品与服务,创新和重构商业模式。

参考文献

[1] Baker, Tom, Insurance and the Law, 2001, available at SSRN: http://ssrn.com/abstract=242026 or http://dx.doi.org/10.2139/ssrn.242026.

[2] Baker, Tom, Liability and Insurance after September 11: Embracing Risk Meets the Precautionary Principle, *The Geneva Papers on Risk and Insurance*, 2002, Vol. 27 No. 3 (July): 349-357.

[3] Baker, Tom, Simon, Jonathan, *Embracing Risk:The Changing Culture of Insurance and Responsibility*, University of Chicago Press, 2002.

[4] Barry, etc., *Insurance as Governance*, University of Toronto Press, Scholarly Publishing Division, 2003.

[5] Borscheid, Peter and Haueter, Niels Viggl, eds., *World Insurance: The Evolution of a Global Risk Network*, Oxford, preface, 2012.

[6] Center for Risk Management and Insurance, Foreign Insurers in Emerging Markets:Issues and Concerns, *Occasional Paper*, 2006 (97).

[7] Claudia Aradau, Rens van Munster, Governing Terrorism and the

(non-) Politics of Risk, *Political Science Publications*, 2005 (11).

[8] Comité Européen des Assurances, *Insurance:A Unique Sector, Why Insurers Differ from Banks*, 2010 (June).

[9] Dean, Mithell, Risk, Calculable and Incalculable, in Deborah Lupton, ed., *Risk and Sociocultural Theory:New Directions and Perspective*, Cambridge University Press, 2000.

[10] Drucker, P.F. (1969), Insurance Opportunities in the Age of Discontinuity, in K. Tuan(ed.), *Modern Insurance Theory and Education*, Volume 3, Varsity Press, 1972.

[11] Dryden, J.F. (1914), Social Economy of Industrial Insurance: Its History in England and America, in K. Tuan(ed.), *Modern Insurance Theory and Education*, Volume 1, Varsity Press, 1972.

[12] Ewald, F., Insurance and Risk, in Graham Burchell, Colin Gordon & Peter Miller, (eds.), *The Foucault Effect*, Chicago, 1991.

[13] Ewald, F., *L'etat Providen*, Paris:Grasset, 1986.

[14] Fafchamp, Marcel, Risk Sharing Between Households, paper prepared as chapter to the *Handbook of Social Economics*, Benhabib, Jess, Bisin, Alberto & Jackson, Matthew. O., eds., Elsevier, 2008, http://www.stanford.edu/~fafchamp/hbsoc.pdf.

[15] Gordon, T.J. (1971), Can the Concepts and Institutions of Personal Insurance Survive Our Changing System, in K. Tuan(ed.), *Modern Insurance Theory and Education*, Volume 3, Varsity

Press, 1972.

[16] Horan, C. D., *Actuarial Age:Insurance and the Emergence of Neoliberalism in the Postwar United States*, University of Minnesota, 2011.

[17] International Association of Insurance Supervisors, *Insurance and Financial Stability*, 2011 (November).

[18] John Herrick:"美国进步时代:变革社会中的社会政策创新",《公共行政评论》2008 年第 4 期。

[19] Johnson, H. J. (1947), A Broadened Public Responsibility, in K. Tuan (ed.), *Modern Insurance Theory and Education*. Volume 1, Varsity Press, 1972.

[20] Johnson, H. J. (1947), A Broadened Public Responsibility, in K. Tuan (ed.), *Modern Insurance Theory and Education*, Volume 3, Varsity Press, 1972.

[21] Kemper, Jr., J. S. (1971), Insurance in a Period of Changing Life Styles, in K. Tuan (ed.), *Modern Insurance Theory and Education*, Volume 3, Varsity Press, 1972.

[22] Knights, D. and Vurdubakis, T., Calculations of Risk Towards an Understanding of Insurance as a Moral and Political Technology, *Accounting, Organizations and Society*, 1993. Vol. 18, No.7/8, pp.720-754.

[23] Kooiman, Jan, *Modern Governance—New Government-Society Interactions*, SAGE Publications Ltd., 1993.

[24] Lengwiler, M., Technologies of Trust: Actuarial Theory, Insurance Sciences, and the Establishment of the Welfare State in

Germany and Switzerland around 1900, *Information and Organization*, 2003(13):131-150.

[25] Mads P. Sørensen, Allan Christiansen, *Ulrich Beck: An Introduction to the Theory of Second Modernity and the Risk Society*, Routledge, Reprint edition, p.16.

[26] Manani, The Role of Insurance Companies in Albanian Economy, *Journal of Academic Resaerch in Ecoomics*, 2013.

[27] Mattelart, Armand, Mattelart, Michèle, *Theories of Communication: A Short Introduction*, SAGE Publications Ltd., 1998.

[28] Mattelart, Armand, *The Invention of Communication*, University of Minnesota Press, 1996.

[29] McLaughlin, Kate, Jenei, György, Comparative Perspectives on Modernizing Local Governance, *Public Management Review*, 2002,4-3:271-274.

[30] Newman, Janet, *Modernizing Governance—New Labour, Policy and Society*, SAGE Publications Ltd., 2001.

[31] O'Donnel, T. (1936), Condition of Life Insurance in the United States on Eve of Armstrong Investigation, in K. Tuan (ed.), *Modern Insurance Theory and Education*, Volume 1, Varsity Press, 1972.

[32] Potts, R.M. (1917), The Altruistic Utilitarianism of Insurance, in K. Tuan, (ed.), *Modern Insurance Theory and Education*, Volume 1, Varsity Press, 1972.

[33] Shavell, Steven, Economic Analysis of Accident Law, http://papers.ssrn.com/abstract= 367800, 2005-10-31.

[34] Simon, The Ideological Effects of Actuarial Practices, *Law and Society Review*, 1988.

[35] Skipper, Harold D., Foreign Insurers in Emerging Markets:Issues and Concerns, Center for Risk Management and Insurance, *Occasional Paper*, 2006:97-2.

[36] Steele, Jenny, *Risks and Legal Theory*, 2004.

[37] Steinmetz, George, *Regulating the Social:The Welfare State and Local Politics in Imperial Germany*, 1993: 1.

[38] Stone, D. A., Beyond Moral Hazard: Insurance As Moral Opportunity, *Connecticut Insurance Law Journal*, 1999, Vol. 6:1.

[39] Strange, Susan, *The Retreat of the State*, Cambridge: CUP, 1996.

[40] Sweenry, S.B.(1932), Tendencies in the Aviation Hazard, in K. Tuan (ed.), *Modern Insurance Theory and Education*, Volume 1, Varsity Press, 1972.

[41] SwissRe:"2012年度世界保险业:复苏之路漫长而曲折", *Sigma*, 2013,(3):33-42.

[42] The Geneva Association, *Systemic Risk in Insurance*, *An Analysis of Insurance and Financial Stability*, Special Report of The Geneva Association Systemic Risk Working Group, 2010(March).

[43] Tuan, K. (1970), If There were No Loss...There would be No Insurance, in K. Tuan (ed.), *Modern Insurance Theory and Education*, Volume 2, Varsity Press, 1972.

[44] Tuan, K. (1970), Insurance and Society: A Liberal Study, in K. Tuan (ed.), *Modern Insurance Theory and Education*, Vol-

ume 3, Varsity Press, 1972.

[45] Tuan, K. (1971), The Second Insurance Revolution, in K. Tuan (ed.), *Modern Insurance Theory and Education*, Volume 3, Varsity Press, 1972.

[46] Wilhelmsson, Thomas, *Contract and Equality*, Stockholm Institute for Scandianvian Law. http://www.scandinavianlaw.se/pdf/40-6.pdf.

[47] Wilkins, Paul:"保险业通过创新来支持绿色产业",新浪财经,2010年5月28日,http://finance.sina.com.cn/hy/20100528/12308019410.shtml。

[48] 毕天云:"论韦伯的现代性思想",《云南师范大学学报》2002年第6期。

[49] 编写组:《党的十八届三中全会决定学习辅导百问》,党建读物出版社、学习出版社2013期。

[50] 〔美〕伯恩斯坦:《与天为敌:风险探索传奇》,机械工业出版社2010年版。

[51] 陈冬梅、夏座蓉:"析美国环境保护立法、司法及环境责任保险市场的发展",《东岳论丛》2012年第2期。

[52] 陈磊:"习近平首次系统阐述国家治理体系现代化理念",《南方都市报》,2014年2月20日。

[53] 程宵、吕季:"美国农业保险的成功经验对中国的启示",《中国保险》2011年第11期。

[54] 陈晓虹、刘彦、刘肯、杨婕:"美国债券保险的发展及对我国的启示",《中国货币市场》2009年第6期。

[55] 程晓陶:"美国洪水保险体制的沿革与启示",《经济科学》

1998 年第 2 期。

[56]〔美〕戴维·波普诺:《社会学》,辽宁人民出版社 1987 年版。

[57]〔美〕道格拉斯·诺斯:《制度、制度变迁与经济绩效》,上海三联书店 1994 年版。

[58] 邓琳琳:《中国保险资金投资运用的现状、问题与政策研究》,华东师范大学 2012 年版。

[59] 段开龄:《风险及保险理论之研讨——向传统的智慧挑战》,南开大学出版社 1996 年版。

[60] 段昆:"美国农业保险制度及其对我国农业保险发展的启示",《中国软科学》2002 年第 3 期。

[61] 冯会玲、刘玉蕾:"我国将加快推进商业保险机构参与新农合大病保险工作",中国广播网,2014 年 5 月 4 日,http://china.cnr.cn/NewsFeeds/201405/t20140504_515428672.shtml。

[62] 付春:"软治理:国家治理中的文化功能",《中国行政管理》2009 年第 3 期。

[63] 傅春燕:《诉讼保险制度研究》,厦门大学博士学位毕业论文,2009 年。

[64] 高林:《保险资金进入养老产业的模式分析》,辽宁大学博士学位毕业论文,2012 年。

[65] 龚育之:"从南方谈话到十四大、十五大、'七一'讲话",《中共党史研究》2002 年第 2 期。

[66] 郭清:"五大问题拷问中国巨灾保险制度",《金融时报》,2014 年 6 月 18 日,http://finance.jrj.com.cn/2014/06/18065617430959.shtml。

[67] 韩冬杰:"保险公司参股与建立医疗机构的现状分析",《卫生

经济研究》2011年第7期。

[68] 何显明:"政府转型与现代国家治理体系的建构",《浙江社会科学》2013年第6期。

[69] 黄少安:"交易费用范畴研究",《学术月刊》1995年第11期。

[70] 惠双民:"交易成本经济学综述",《经济学动态》2003年第2期。

[71] 景维民等:《经济转型深化中的国家治理模式重构》,经济管理出版社2013年版。

[72] 库伊曼:《治理和治理能力:利用复杂性、动态性和多样性》,治理与善治,社会科学文献出版社2000年版。

[73] 李清伟:《侵权行为法与保险制度的法理学——比较法研究》,北京大学博士学位毕业论文,1998年。

[74] 李润文:"生源地信用助学贷款模式将全国推广",《中国青年报》,2008年7月24日。

[75] 李晓俐:"金融危机下美国主要农业信贷机构正常运转的原因",《经济研究导刊》2010年第16期。

[76] 李晓西:"经济改革推动社会全面发展与进步",《中国社会科学报》,2013年11月8日。

[77] 梁广炽:"美国锅炉与压力容器安全管理综述",《城市燃气》2006年第7期。

[78] 林宝清:《保险发展模式论》,中国金融出版社1993年版。

[79] 林晓:"推行火灾公众责任险可借鉴的国外经验",慧聪消防网,2011年6月22日,http://info.fire.hc360.com/2011/06/221601467927.shtml。

[80] 林毓铭、林博:"发展巨灾保险的紧迫性与路径依赖",《保险

研究》2014 年第 2 期。

[81] 刘建英:"美国应对巨灾的保险安排",《中国保险报》,2009 年 9 月 15 日。

[82] 刘茂山:"保险发展研究",《保险研究》2000 年第 11 期。

[83] 刘培:"从国外巨灾保险模式看我国巨灾保险体系构建",《合作经济与科技》2014 年第 1 期。

[84] 刘万:"国际小额保险模式问题研究",《保险研究》2008 年第 12 期。

[85] 刘小微:"放大效应无可替代农业保险迎来新机遇",《金融时报》, 2012 年 12 月 24 日, http://www.financialnews.com.cn/bx/ft102/201212/t2012122423043.html。

[86] 刘中华:《食品安全强制责任保险发展及制度构建》,西南财经大学博士学位毕业论文,2012 年。

[87] 卢现祥、朱巧玲:《新制度经济学(第二版)》,北京大学出版社 2012 年版。

[88] 〔美〕罗伯特·考特、托马斯·尤伦:《法和经济学》,上海财经大学出版社 2003 年版。

[89] 骆东平:"诉讼保险与法律援助制度之比较研究",《湖北省社会主义学院学报》2004 年第 3 期。

[90] 雒立旺:《我国环境污染责任保险发展问题研究》,河北经贸大学博士学位毕业论文,2013 年。

[91] 〔美〕马斯洛:《动机与人格》,华夏出版社 1987 年版。

[92] 孟建柱:"深化司法体制改革",载编写组:《党的十八届三中全会决定学习辅导百问》,党建读物出版社、学习出版社 2013 年版。

［93］彭真明、殷鑫："论我国生态损害责任保险制度的构建"，《法律科学（西北政法大学学报）》2013年第3期。

［94］乔治·瑞查："社会学——一门多范式的科学"，《社会》1988年第7期。

［95］秦君宜："责任保险制度对现代侵权法发展的影响"，《经济研究参考》2004年第32期。

［96］秦士由："商业保险参与建立失地农民保障机制调查分析"，《保险研究》2005年第9期。

［97］秦士由："运用商业保险机制优化被征地农民养老保障运作模式"，《保险研究》2008年第1期。

［98］曲哲涵："保险业试水文化金融需要政策扶持"，《中华工商时报》，2012年3月9日，http://finance.sina.com.cn/money/insurance/bxdt/20120309/ 00111546539.shtml。

［99］人民日报评论员："坚持社会主义市场经济改革方向"，《人民日报》，2013年11月20日。

［100］任仲平："准确把握国家治理现代化"，《人民日报》，2014年2月21日。

［101］邵学清："科技保险的必要性与可行性"，《中国科技投资》2007年第9期。

［102］世界银行：《2014世界发展报告 风险与机会》，2013年。

［103］世界自然基金会、英国皇家太阳联合保险集团：《中国风电保险发展现状及面临的挑战》，2011年。

［104］孙健、申曙光："国外小额保险的理论及实践分析"，《南方金融》2007年第7期。

［105］孙祁祥、郑伟："保险制度与市场经济：六个基本理念"，《保

险研究》2009 年第 7 期。

[106] 孙祁祥、郑伟:《保险制度与市场经济——历史、理论与实证考察》,经济科学出版社 2009 年版。

[107] 汤姆·贝克:"作为侵权法规则的责任保险——责任保险影响行动中的侵权法的六种途径",李威娜译,《人大法律评论》2012 年第 2 期。

[108] 陶卫东:《论中国环境责任保险制度的构建》,中国海洋大学博士学位毕业论文,2009 年。

[109] 滕五晓、加藤孝明:"日本地震灾害保险体制的形成及其问题",《自然灾害学报》2003 年第 12 期。

[110] 童鹏:"美国农村金融服务体系发展状况及经验借鉴",《农村财政与财务》2013 年第 2 期。

[111] 王安:《保险中国 200 年》,中国言实出版社 2008 年版。

[112] 王德平:"荷兰英国医疗保障模式对我国统筹城乡医疗保险的启示",《四川劳动保障》2011 年第 9 期。

[113] 王和:"启动我国巨灾保险制度",《中国金融》2014 年第 5 期。

[114] 王和:"我国影视保险研究",《中国保险》2009 年第 2 期。

[115] 〔美〕威廉姆森:《治理机制》,中国社会科学出版社 2001 年版。

[116] 魏华林、李金辉:"论充分发挥保险的社会管理功能",《保险研究》2003 年第 11 期。

[117] 魏华林、林宝清:《保险学》,高等教育出版社 2011 年版。

[118] 乌尔里希·贝克:"从工业社会到风险社会(上篇)",《马克思主义与现实》2003 年第 3 期。

［119］吴海波、何冲："商业保险参与社会医疗保障的现实模式与发展方向"，《西部论坛》2014年第9期。

［120］吴雪平、梁芷铭："美国农业保险政策对农业经济的影响"，《世界农业》2014年第1期。

［121］吴焰："加快发展环境污染责任保险促进生态文明建设"，2013年3月5日，http://insurance.jrj.com.cn/2013/03/05111115111228-3.shtml。

［122］习近平："切实把思想统一到党的十八届三中全会精神上来"，新华网，2013年12月31日，http://news.xinhuanet.com/politics/2013-12/31/c_118787463.htm。

［123］习近平："实现中国梦必须凝聚中国力量"，新华网/中国政府网，2013年3月17日，http://news.xinhuanet.com/2013lh/2013 03/17/c_115052765.Htm。

［124］习近平："完善和发展中国特色社会主义制度 推进国家治理体系和治理能力现代化"，《人民日报》，2014年2月18日。

［125］习近平："在省部级主要领导干部专题研讨班开班式上的讲话"，新华网，2014年2月17日，http://news.xinhuanet.com/photo/2014-02/17/c_119374303.htm。

［126］肖扬："保险资金运用迎来城镇化机遇"，《金融时报》，2013年3月6日。

［127］小岛武司："司法改革与权利保护保险"，万艳红、段文波译，载陈刚主编：《比较民事诉讼法（2001—2002年卷）》，中国人民大学出版社2002年版。

［128］谢书云：《我国责任保险市场发展研究》，厦门大学博士学位

毕业论文,2008 年。

[129] 谢新松:《文化的社会治理功能研究》,云南大学博士学位毕业论文,2013 年。

[130] 徐放、刘维林:"商业医保合作模式创新与风险管控机制优化浅探",《金融研究》2011 年第 10 期。

[131] 徐明凡、刘海宁:"我国农村信贷与农村经济发展的实证分析",《兰州学刊》2013 年第 8 期。

[132] 徐强:"失地农民养老保障的商业保险化解途径——基于河南省失地农民的实证分析",《平顶山学院学报》2009 年第 2 期。

[133] 徐卫东、赵亮:"法官赔偿责任保险制度可行性研究",《学术交流》2012 年第 12 期。

[134] 许海清:《国家治理体系和治理能力现代化》,中共中央党校出版社 2013 年版。

[135] 杨华柏:"德国侵权法与责任保险的互动关系及对中国的启示",《保险研究》2009 年第 3 期。

[136] 杨辉:"欧洲环境责任保险法律制度审视及启示",《中国保险》2010 年第 3 期。

[137] 杨星:"商业健康保险参与社会医疗保障体系管理和服务的国际经验与思考",《中国保险》2009 年第 11 期。

[138] 佚名:"百年中国保险业大事记",人民网,http://www.people.con.cn/GB/channel3/22/20001228/365182.html。

[139] 佚名:"保险改变我对人生看法,发达国家人均保单超 5 张",新浪网 2007 年 6 月 18 日,http://finance.proc.sina.cn/w/? c = money&n = insurance&s = bxsd&d = 20070618&i =

08223699643&from=mbaidu&vt=4。

［140］佚名："创新农业保险体系 服务'三农'发展新形势",财政部网站,http://www.mof.gov.cn/preview/jinrongsi/zhengwuxinxi/diaochayanjiu/201204/t20120417_643520.html。

［141］佚名："商业保险参与医疗保障管理的经验及启示",财政部网站,http://www.mof.gov.cn/mofhome/shehuibaozhangsi/zhengwuxinxi/diaochayanjiu/201003/t20100311_275453.html。

［142］佚名："食品安全责任保险投保率不足1% 为何推行难?",《经济日报》,2013年10月10日。

［143］游桂云、张连勤："西方国家环境责任保险制度比较及启示",《上海保险》2008年第2期。

［144］游桂云:《环境责任保险模式选择与定价研究》,中国海洋大学博士学位毕业论文,2009年。

［145］于建荣等:《国家治理体系和治理能力现代化党政干部读本》,国家行政学院出版社2014年版。

［146］于洋："美国农业保险改革历程与财政补贴体系探索",《金融理论与实践》2012年第5期。

［147］余晓泓："美国文化产业投融资机制及启示",《改革与战略》2008年第12期。

［148］俞可平："国家治理的现代化之路",《中国青年报》,2013年12月4日。

［149］俞可平:《治理与善治》,社会科学文献出版社2000年版。

［150］张高丽："以经济体制改革为重点全面深化改革",载编写组:《中共中央关于全面深化改革若干重大问题的决定辅导读本》,人民出版社2013年版。

[151] 张建军:"宁波城乡小额贷款保证保险缓解中小企业贷款难",2014 年 3 月 5 日,http://news.cnnb.com.cn/system/2014/03/05/008002687.shtml。

[152] 张小劲、于晓虹:《推进国家治理体系和治理能力现代化六讲》,人民出版社 2014 年版。

[153] 张莹:"借鉴国外经验创新保险资金运用",和讯网,2011 年 6 月 10 日, http://insurance.hexun.com/2011-06-10/130409637.html。

[154] 张祖平:"推行火灾公众责任强制保险是民生所需",《中国保险》2011 年第 8 期。

[155] 郑必坚:"全面深化改革的重大意义",载编写组:《中国中央关于全面深化改革若干重大问题的决定辅导读本》,人民出版社 2013 年版。

[156] 郑杭生:"中国社会研究与中国社会学学派——以社会运行学派为例",《社会学评论》2013 年第 1 期。

[157] 郑若颖:"我国诉讼保险制度构建探析",《行政与法》2014 年第 2 期。

[158] 中国保监会武汉保监办课题组:"对保险功能的再认识",《保险研究》2003 年第 11 期。

[159] 中国青少年研究中心:"'2013 年中国青少年人口详数'调查研究",http://www.zxxjyw.cn/gedifagui/2013-03-19/2742.html。

[160] 周发兵:"建国后的保险历史",搜狐网,http://money.sohu.com/20130815/n384256351.shtml。

[161] 周晓红:"社会学理论的基本范式及整合的可能性",《社会

学研究》2002年第5期。

[162] 卓志:"中国保险文化的几个基础问题探讨",《保险研究》2009年第11期。

[163] 卓志:"中国保险文化自觉的培育与生成",《保险研究》2012年第10期。

[164] 邹谠:《二十世纪中国政治:从宏观历史与微观行动的角度看》,牛津大学出版社(香港)1994年版。

[165] 邹吉忠:"论现代制度的秩序功能",《学术界》2002年第6期。

后记

本书在中国保险监督管理委员会的部级课题《保险机制服务国家治理现代化——建设保险型社会助推全面深化改革》研究基础上，经过数次修改和丰富，凝聚了课题项目组成员的诸多心血，最终于商务印书馆出版，得以向读者们展示我们的研究成果。

作为一名保险从业工作者和研究者，在数十年的实践工作中，我深切感受到保险在服务国家治理中发挥着日益重要的作用。保险作为现代经济的重要产业和风险管理的基本手段，内生于市场经济体制之中，宣扬互助共济的精神，致力于降低经济社会各领域的不确定性，是公认的经济"助推器"和社会"稳定器"，在为国家治理体系提供制度供给方面具有独特的比较优势。然而在我国，保险渗透程度与发达国家相比还有很大差距，限制了保险服务国家治理和经济社会发展的功能的发挥。尤其是在我国改革已经进入攻坚期和深水区的环境下，如何做大做强保险行业、普及保险理念、更好地服务全面深化改革和国家治理，是摆在整个行业甚至整个国家面前的重大课题。

带着对这一重大课题开展深入研究的热情，2013年8月前后，我们成立了课题研究团队，由我担任课题项目负责人，团队成员包括郑青松、祝茂、孔瑞雯、李强、张惠娟、吕岩、王栋贵等一批具有丰富保险知识经验的业务骨干和研究人员，承接了保监会部级课题

《保险机制助推中国经济体制改革》,正式开展课题研究。

2013年11月12日,中国共产党第十八届中央委员会第三次全体会议通过了《中共中央关于全面深化改革若干重大问题的决定》,提出"推进国家治理体系和治理能力现代化",并描绘了经济、政治、文化、社会、生态文明"五位一体"的全面深化改革蓝图。我们意识到,保险机制不仅仅要担任助推中国经济体制改革的角色,也要在其他领域的改革中发挥助推作用,降低经济社会运行各环节的不确定性,为整个国家治理体系提供制度供给。在新的研究理念和逻辑下,我们将课题名称更改为《保险机制服务国家治理现代化》,丰富了保险服务经济社会大局的内涵,借鉴国外学者的研究,引入"保险型社会"概念,以社会学理论为分析框架,系统阐述了保险从发挥微观管理功能到形成宏观治理能力的原理,提出了"建设保险型社会服务国家治理现代化"的观点,并梳理了大量国内外案例作为佐证,初步勾勒出保险助推全面深化改革的路线图,于2014年7月顺利结项。

在课题研究过程中,我们课题组一方面深切感受到保险机制服务国家治理现代化是一个范围广、意义大、影响深的课题,我们所做的研究还很有限,需要在实践中不断补充完善,另一方面也觉得应该向更多的读者来展示和分享我们的研究成果,让更多的人了解保险的功能和作用。因此在课题结项之后,我们继续组织团队,一方面对课题研究进行多次修改完善,另一方面尝试联系商务印书馆,希望能够将研究成果以书籍的形式进行推广。

商务印书馆是我国出版业中历史最悠久的出版机构,这家百年老店一直致力于昌明教育、普及知识、传播文化、扶助学术。我们的研究课题得到了商务印书馆的高度关注,商务印书馆和我们多次沟通交流，对研究提出了很多具有实用性的修改意见，帮助我们进一步完善研究成果，最终形成了这本《保险机制服务国家治理现代化》，以飨读者。

保险型社会在前人论述中出现的次数并不多，是一个颇有创新意义的概念，而保险机制服务国家治理现代化更是一个宏大的课题，二者结合起来，自然具有很大的研究难度。虽然我们努力综合采用经济学、政治学、社会学、哲学、法学等多种学科的理论研究方法，但在研究的全面性和深刻性上难免还存在不足，惟以此书抛砖引玉，期望能得到各方专家学者的帮助指导，也期望有更多的声音加入这一领域的研究探讨中，共同推动我国保险业切实承担起历史赋予的光荣使命，为我国全面深化改革和推进国家治理现代化做出更大的贡献。

最后，我要特别感谢中国保险学会会长姚庆海先生，他的鼎力推荐使得部级课题项目能够顺利立项和结项，并支持研究成果成功印刷出版。同时我要感谢厦门大学林宝清教授，林教授为课题研究提供了重要支持，帮助我们进一步完善理论研究。我还要感谢所有在课题研究和书籍出版过程中不吝提供支持的朋友，这本书中蕴含着他们的心血和努力。

连锦泉

2017 年 5 月